VOAR
CAIR
SER
APANHADO

Dados Internacionais de Catalogação na Publicação (CIP)
(Câmara Brasileira do Livro, SP, Brasil)

Nouwen, Henri, 1932-1996
　Voar, cair, ser apanhado : uma história improvável sobre o encontro com a liberdade / Henri Nouwen, Carolyn Whitney-Brown ; tradução de Luis Gonzaga Fragoso. 1.ed. – Petrópolis, RJ : Vozes, 2023.

　Título original: Flying, Falling, Catching
　ISBN 978-65-5713-954-7

　1. Igreja Católica – Clero – Biografia 2. Nouwen, Henri J. M. – Diários 3. Sacerdotes I. Whitney-Brown, Carolyn. II. Título.

23-153269   CDD-282.9092

Índices para catálogo sistemático:
1. Sacerdotes católicos : Biografia   282.9092

Aline Graziele Benitez – Bibliotecária – CRB-1/3129

Henri Nouwen
Carolyn Whitney-Brown

VOAR
CAIR
SER
APANHADO

Uma história
improvável
sobre o encontro
com a liberdade

Tradução de Luis Gonzaga Fragoso

EDITORA
VOZES

Petrópolis

Copyright © 2022 by The Henri Nouwen Legacy Trust and Carolyn Whitney-Brown.

Esta tradução foi publicada mediante acordo com HarperOne, um selo da HarperCollins Publishers.

Tradução do original em inglês intitulado *Flying, Falling, Catching: An Unlikely Story of Finding Freedom*.

Direitos de publicação em língua portuguesa – Brasil:
2023, Editora Vozes Ltda.
Rua Frei Luís, 100
25689-900 Petrópolis, RJ
www.vozes.com.br
Brasil

Todos os direitos reservados. Nenhuma parte desta obra poderá ser reproduzida ou transmitida por qualquer forma e/ou quaisquer meios (eletrônico ou mecânico, incluindo fotocópia e gravação) ou arquivada em qualquer sistema ou banco de dados sem permissão escrita da editora.

CONSELHO EDITORIAL

Diretor
Volney J. Berkenbrock

Editores
Aline dos Santos Carneiro
Edrian Josué Pasini
Marilac Loraine Oleniki
Welder Lancieri Marchini

Conselheiros
Elói Dionísio Piva
Francisco Morás
Gilberto Gonçalves Garcia
Ludovico Garmus
Teobaldo Heidemann

Secretário executivo
Leonardo A.R.T. dos Santos

Editoração: Luciana Chagas
Diagramação: Sheilandre Desenv. Gráfico
Revisão gráfica: Alessandra Karl
Capa: Renan Rivero
Fotos dos autores: Carolyn Whitney-Brown, foto por Vicentiu Burlacu; Henri J. M. Nouwen, foto por Kevin F. Dwyer, permissão de Henri J. M. Nouwen Archives at the University of St. Michael's College

ISBN 978-65-5713-954-7 (Brasil)
ISBN 978-0-0631-1352-7 (Estados Unidos)

Este livro foi composto e impresso pela Editora Vozes Ltda.

Quando assisti pela primeira vez a uma apresentação dos Flying Rodleighs, aquilo me pareceu resumir tudo o que há de importante na vida: tudo estava condensado numa única *performance*[1].

De certa maneira, os dez minutos que se seguiram me deram o vislumbre de um mundo do qual eu ainda não havia me dado conta: um mundo que combina disciplina e liberdade, diversidade e harmonia, risco e segurança, individualidade e comunidade; e, acima de tudo, um mundo onde é possível voar e ser apanhado no ar[2].

---

1 Henri Nouwen em entrevista em inglês para o documentário *Angels Over the Net* (versão não editada), produzido por Jan van den Bosch e dirigido por Bart Gavigan (1995, The Company Media Produkties). Uma cópia em DVD desse material está disponível no centro de pesquisa Nouwen Archives, vinculado à rede de bibliotecas da Universidade de Toronto.

2 Trecho de original datilografado do cap. 1 da obra que Henri escrevia sobre os Flying Rodleighs, p. 9-10 (Nouwen Archives).

Dedicatória

TK

Sumário

Prólogo, 9
I – O chamado, 17
II – Cair, 59
III – Trabalho de equipe, 127
IV – Confiar no portô, 169
V – Voar, 243
Epílogo, 303

Prólogo

Setembro de 1996

Ao receber o telefonema com a notícia do falecimento de Henri, os cinco integrantes da trupe de trapezistas Flying Rodleighs ficaram atônitos. Na apresentação seguinte, antes que eles tirassem as chamativas capas prateadas, Rodleigh Stevens inspirou fundo e fez um breve discurso dedicando aquela exibição à memória de Henri Nouwen, amigo do grupo[3]. No dia do funeral de Henri, Rodleigh percorreu 270 quilômetros até a Catedral de Santa Catarina, em Utrecht, na Holanda, acompanhado da esposa e parceira de trabalho, Jennie Stevens. Chegando lá, ambos ficaram observando os arcos de pedra góticos e o enorme espaço interno da catedral, impressionados com a enorme quantidade de gente que a ocupava.

"Era de se esperar que a igreja estivesse lotada", Rodleigh sussurrou para Jennie. Eles conheciam bem a fama

---

[3] O relato de Rodleigh Stevens sobre a ocasião em que soube do falecimento de Henri e dedicou a este uma apresentação do grupo, bem como sobre sua presença no funeral do amigo pode ser encontrado nas memórias de Rodleigh, não publicadas, intituladas "What a friend we had in Henri" (Nouwen Archives).

de Henri, sabiam que seus livros tinham alcançado milhões de exemplares vendidos e haviam sido traduzidos para dezenas de idiomas. Sabiam que Henri era um padre da Igreja Católica holandesa, que ele lecionara nas universidades de Yale e Harvard e, cerca de dez anos antes, abandonara a carreira acadêmica para viver numa comunidade canadense de pessoas acometidas por deficiências mentais.

Ambos conheciam Henri havia mais de cinco anos, mas se espantaram quando, na cerimônia de despedida, uma das pessoas referiu-se a ele como alguém "angustiado" e "ferido"[4]. Rodleigh remexeu-se inquieto, agarrando-se ao banco de madeira à sua frente e controlando-se para não ir até o altar da igreja a fim de corrigir aquela fala. Sua mente abrigava inúmeras imagens e lembranças de um Henri bastante diferente, a quem conhecera nas diversas visitas que este lhe fez, nas trocas de cartas e também nas vezes em que viajaram juntos pela Alemanha e pela Holanda, acompanhando o Circo Barum.

É possível que muitos dos amigos de Henri, cientes de todos os seus anseios e de suas dores mais profundas – pessoas que, durante muitos anos, leram seus reveladores livros sobre vida espiritual – também tenham se surpreendido ao saber que, na opinião do próprio Henri, seu livro

---

4 Essas caracterizações de Henri são enfatizadas nos títulos de várias de suas biografias. Cf., p. ex., Ford, M. (1999). *Wounded prophet: A portrait of Henri J. M. Nouwen* (p. 201) Doubleday. • Ford, M. (2018). *Lonely Mystic: A new portrait of Henri J. M. Nouwen* (p. 143-146) Paulist Press. • Higgins, M., & Burns, K. (2012). *Genius born of anguish*. Paulist Press. • O tributo que Jean Vanier dedicou a Henri Nouwen em Utrecht está documentado em seu artigo Eulogy for Henri Nouwen (2008). *In*: Vanier, J., & Whitney-Brown, C. (ed.). *Essential writings*. (p. 129-132). Orbis Books/Novalis/Darton Longman and Todd.

mais importante seria uma obra de não ficção: um relato das experiências que viveu com os Flying Rodleighs, registro esse interrompido por seu repentino falecimento, em setembro de 1996[5].

A história que você lerá adiante é real. Todos os eventos aqui narrados realmente aconteceram, incluindo o resgate de Henri por uma equipe de bombeiros, feito através de uma janela de hotel.

Embora a fama e o sucesso conquistados por Henri se devam às obras sobre sabedoria espiritual que ele publicou ao longo dos anos, foram os Flying Rodleighs os responsáveis por inspirá-lo na criação de um tipo diferente de livro. Quando faleceu subitamente, em 1996, Henri nos deixou algumas pistas desse novo e criativo projeto: a transcrição de um ditado por ele proferido em 1991, logo depois de se encontrar pela primeira vez com esses trapezistas; dois capítulos escritos tempos mais tarde; um diário pessoal escrito durante as viagens com o grupo; e

---

5 Bart e Patricia Gavigan, amigos de Henri, relembram uma conversa que tiveram com Henri: "Ele queria que sua história sobre o circo fosse um marco de transição em sua produção literária, agora para um público não religioso, algo que ele nunca havia tentado. Henri tinha a sensação de que aquele livro seria o mais importante de sua vida" (Gavigan, B., & Gavigan, P. (2001) Collision and Paradox. In: Porter, B. (ed.). Befriending life: Encounters with Henri Nouwen (p. 55-56). Doubleday). O diálogo que tive com os Gavigans foi incluído no cap. 14 deste livro.

vários outros registros, como comentários, reflexões, notas e apontamentos em cadernos.

Em 2017, o conselho editorial do Fundo para o Legado de Henri Nouwen me pediu que "criasse algo" a partir dos escritos de Henri sobre a arte do trapézio, até então inéditos. À época, eu já era uma autora familiarizada com o trabalho de Henri, pois, após concluir o programa de Ph.D. em Literatura Inglesa pela Universidade Brown e passar por um período de treinamento como diretora espiritual no Reino Unido e no Canadá, morei em L'Arche Daybreak entre 1990 e 1997, acompanhada de meu marido e filhos. Henri também integrou essa comunidade[6]. Pouco depois de ele falecer, escrevi a introdução a uma nova edição de seu livro *The Road to Daybreak*, bem como várias outras publicações sobre o próprio Henri[7]. Mesmo assim, hesitei quanto a assumir seu projeto inacabado. Lembro-me de ter conversado inúmeras vezes com ele sobre o ato de

---

6 "L' Arche é uma federação mundial que reúne pessoas com ou sem deficiência mental, as quais trabalham juntas em prol de um mundo em que todos experimentem o senso de pertencimento. Na L' Arche, todos participam, ajudam e recebem ajuda. A L' Arche se baseia em relacionamentos mútuos" (www.larche.org). Entre 1985 e 1986, Henri morou numa Comunidade L' Arche na França, onde escreveu *Lifesigns: Intimacy, Fecundity, and Ecstasy in Christian Perspective* (Doubleday, 1986). Em 1986, ele se mudou para a L' Arche Daybreak em Richmond Hill, Ontário, no Canadá.

7 Introduction. *In*: Nouwen, H. J. M. (1997). *The road to Daybreak*. DLT. • Introduction. *In*: Nouwen, H. J. M. (2012). *A spirituality of homecoming*. Upper Room Books. • How not to comfort a New Orleans hurricane survivor. *In*: Bengtson, J., & Earnshaw, G. (ed.) (2007). *Turning the wheel: Henri Nouwen and our search for God* (p. 135-144). Novalis • Henri at daybreak: celebration and hard work. *In*: Twomey, G. S., & Pomerleau, C. (ed.) (2006). *Remembering Henri: The life and legacy of Henri Nouwen* (p. 119-137). Orbis Books. • Safe in God's Heart, *Sojourners Magazine 25*, n. 6, nov./dez. 1996. • Lives lived: Henri J. M. Nouwen, *The Globe and Mail*, 2 out. 1996.

escrever e também sobre os Flying Rodleighs; porém, o mundo do trapézio nunca me atraiu – não gosto de altura.

Entretanto, quando li o material deixado por Henri, duas questões me deixaram intrigada. Primeiro, por que, àquele estágio de sua vida, ele se sentiu tão impactado pelos espetáculos dos Flying Rodleighs e pelos integrantes do grupo? Segundo, por que ele redigiu apenas fragmentos de um livro sobre a arte do trapézio? Henri escreveu inúmeras obras entre 1991 e 1996 e frequentemente citava o desejo de escrever esse livro. O que aconteceu?

Então me dei conta de que a mim não cabia conceber o livro que Henri teria escrito, mas narrar a história que ele viveu junto dos Flying Rodleighs.

À medida que lia as anotações e os rascunhos de Henri sobre sua experiência com a trupe, eu me perguntava de que modo as diversas veredas de sua vida culminaram nesse particular fascínio por esses artistas. Quando vasculhei inúmeros textos de Henri, uns publicados, outros inéditos, quatro tipos de experiências se destacaram: reflexões sobre o talento artístico e a beleza; períodos em que as reações corporais do autor o ajudaram a expressar com maior clareza o modo pelo qual "o corpo conta uma história espiritual"; vivências transformadoras durante imersões em comunidades específicas; e momentos permeados de leveza, humor, relaxamento e deleite. Com isso, comecei a planejar uma narrativa mais ampla, que incluísse seus últimos anos de vida.

Algumas ideias sobre como eu poderia transpor as experiências de Henri para as páginas de um livro co-

13

meçaram a ganhar forma. Porém, o texto "What a friend we had in Henri" [em tradução livre, "Que grande amigo tivemos em Henri"], no qual Rodleigh Stevens rememora sua amizade com o autor, forneceu-me detalhes para a escrita de um livro cuja leitura pudesse ser tão envolvente quanto a de uma narrativa de ficção, embora se baseasse em eventos reais. As memórias de Rodleigh também ajudaram a esclarecer um aspecto que vinha me incomodando: a despeito de muitas vezes mostrar-se angustiado e excessivamente exigente, Henri também era uma pessoa encantadora. Ao ler certos trechos do relato de Rodleigh, dei gargalhadas ao me lembrar daquele nosso amigo entusiasmado, esquisito e perspicaz. Não sem motivo, quem lhe era próximo sente sua falta ainda hoje, depois de tantos anos.

Henri planejara escrever esse relato como um texto de "não ficção criativa", mas não resta dúvida de que todos os textos dele são criativos. O talento artístico de Henri é perceptível até mesmo nos diários que publicou, já que moldou a si mesmo como um personagem de sua própria narrativa, selecionando os detalhes que desejava compartilhar.

Ainda que levasse em conta o desejo de Henri de contar uma história "criativa", eu precisava compreender o que realmente aconteceu no dia em que ele sofreu seu primeiro infarto. Que circunstâncias justificariam o fato de um paciente com quadro clínico grave ter sido retirado de um hotel por uma janela? Em resposta a um *e-mail* enviado por mim, Dennie Wulterkens, profissional especializado no treinamento de enfermeiros para esse tipo de resgate nos anos 1990, explicou-me o processo em detalhes. Como não conseguimos identificar a pessoa que atendeu ao chamado para socorrer Henri, darei a ela o nome "Dennie" como uma maneira de agradecer à contribuição de Wulterkens. Sei que, mesmo em meio a uma urgência médica, Henri teria tentado lembrar o nome da pessoa que lhe oferecia cuidados.

Com exceção de "Dennie", todos os demais personagens do relato a seguir são pessoas reais, identificadas por seus nomes verdadeiros. Permitindo-me uma licença poética, imagino que, ao sofrer o infarto na Holanda, em 16 de setembro de 1996, Henri passou em revista fragmentos de sua vida[8]. Este livro não é uma biografia. Muitas pessoas que tiveram importância na vida de Henri e muitas das experiências que ele vivenciou ficaram de fora deste relato.

Todos os trechos destacados em itálico são transcrições de palavras do próprio Henri, extraídas de seus es-

---

[8] Há uma justificativa para essa escolha ficcional. Em seu livro *Beyond the mirror: reflections on death and life* (Crossroad, 1990, p. 23-24, 39), Henri afirma ter sido capaz de fazer reflexões mesmo em meio a uma dolorosa situação de emergência médica. Na primeira parte de seu "Circus Diary", ele escreveu: "em tempos de crise, a vida pode se tornar uma experiência de ampliação da consciência em câmera lenta" e também: *Alguns chegam a dizer que, no intervalo de um único segundo, rememoraram sua vida inteira* (registro de 9 de maio de 1992, sábado, citado no cap. 17 desta obra). Cf. Nouwen, H. J. M. Circus diary – Part I: Finding the trapeze artist in the priest, *New Oxford Review 60*, n. 5, jun. 1993. • A medicação que provavelmente lhe foi administrada no Hotel Lapershoek por paramédicos, droperidol e fentanil (cf. cap. 11 deste livro), teria reduzido suas dores e sua ansiedade, o que pode explicar o fato de ele se mostrar falante, até mesmo excessivamente tagarela. Porém, como uma máscara de oxigênio lhe cobria a boca, Henri não poderia compartilhar o que estava pensando; por isso, apresento-o tendo uma conversa consigo mesmo.

critos, publicados ou não, e de conversas e entrevistas. Por vezes, alguns excertos foram abreviados ou corrigidos para que as informações se confirmassem factuais, mas em nenhum caso houve reescrita, pois minha intenção é que vocês ouçam a voz de Henri da maneira mais direta possível. As fontes dos trechos aqui transcritos constam nas *Notas* ao fim deste livro.

Eu não tinha a intenção de usar os Rodleighs para ilustrar grandes verdades espirituais; eu estava simplesmente tentando escrever uma boa história, Henri disse certa vez ao seu editor na Alemanha[9]. Atendendo à expectativa de Henri, acredito que esta é uma ótima história. Durante a leitura, você também poderá ter acesso a algumas grandes verdades espirituais. Eu, pelo menos, tive.

O mais importante, porém, é que você se lance nesta história e a aproveite!

Carolyn Whitney-Brown
Baía de Cowichan, Colúmbia Britânica, Canadá
28 de março de 2021

---

9 Registro de 17 de maio de 1992, domingo. Nouwen, H. J. M. Circus Diary – Part II: Finding a New Way to Get a Glimpse of God, *New Oxford Review 60*, n. 6, p. 10, jul./ago. 1993.

I
O CHAMADO

1

Dois paramédicos em impecáveis uniformes brancos irrompem no quarto de hotel em que Henri está hospedado[10] e conversam rapidamente em holandês, a língua materna do hóspede. Deitado na cama do quarto, e ainda vestido com as roupas que usara na viagem até ali, Henri se sente aliviado ao vê-los. Um deles se apresenta como Dennie e estende a mão para cumprimentá-lo. Por detrás dos óculos, os olhos de Henri brilham, mas Dennie repara que seu aperto de mão é frágil e sua pele, fria. Dennie se apresenta como enfermeiro contratado pelo serviço de ambulância Broeder De Vries. O segundo homem se identifica como o motorista da ambulância e também como paramédico qualificado. Seus olhos percorrem o agradável ambiente do quarto e fazem uma rápida avaliação visual dos pertences de Henri, para caso seja necessário transferi-lo para o hospital. As malas de Henri ainda não foram desfeitas.

---

10 Os pormenores sobre as ações dos paramédicos se baseiam em descrições detalhadas que me foram oferecidas pelo especialista holandês Dennie Wulterkens, enfermeiro e membro da equipe de resgate médico. A chegada de Henri a Hilversum e sua solicitação de ajuda médica estão descritos em Ford, M. (1999). *Wounded Prophet: A Portrait of Henri J. M. Nouwen* (p. 201). Doubleday. • Ford, M. (2018). *Lonely Mystic: A New Portrait of Henri J. M. Nouwen* (p. 143-146). Paulist Press. • Cf. tb.: O'Laughlin, M. (2005). *Henri Nouwen: His Life and Vision* (p. 162). Orbis Books. • Beumer, J. (1997). *Henri Nouwen: A Restless Seeking for God* (p. 173). Crossroad.

Dennie projeta a luz de sua lanterna nos olhos de Henri, tentando verificar-lhe as pupilas. Mede sua pulsação e circunda seu braço com o aferidor de pressão, enquanto lhe faz perguntas:

— Qual é o seu nome? De onde você é?

Henri está cansado e sente tontura, mas responde com a maior clareza que consegue: ele é o Padre Henri J. M. Nouwen. Chegara naquela manhã a Amsterdã, pelo aeroporto de Schiphol, depois de um voo noturno procedente de Toronto, no Canadá, e seguira diretamente ao hotel para descansar.

— Sabe que dia é hoje e em que lugar você está agora?

— Sim. Hoje é segunda-feira, 16 de setembro de 1996. — Henri está em Hilversum, no Hotel Lapershoek. Sabe que está num andar alto do hotel, embora não consiga lembrar o número do quarto.

— O que mais o incomoda em sua saúde neste momento? Tem alguma outra queixa?

— Sinto fortes dores no peito. Meu braço também dói. Sinto calor e frio.

— Quando foi que isso tudo começou? Já sentiu algo parecido antes?

— Não. Eu não estava me sentindo bem ontem, mas achei que não fosse nada grave e que poderia descansar assim que chegasse aqui. Mas, desde que entrei no hotel, pouco mais de uma hora atrás, só piorou.

Dennie mede a pressão do paciente, que se sente aliviado por terem parado de lhe fazer perguntas. Em sua mente há um turbilhão de palavras e imagens, mas falar lhe exige muito esforço.

"Esta é uma interrupção", pondera Henri. Seus sentimentos estão confusos. Já houve muitas interrupções em sua vida, e algumas delas tiveram consequências boas.

.. • ● •..

Cinco anos antes, Henri estava em Freiberg, na Alemanha, trabalhando no manuscrito de um livro, quando assistiu a um espetáculo dos trapezistas do grupo Flying Rodleighs. A *performance* o deixou muito emocionado e quase o levou às lágrimas enquanto uma súbita onda de paixão adolescente tomava conta de seu corpo. Àquela altura, como já tinha 59 anos, não imaginou que fosse ficar tão comovido estando num circo com seu pai idoso. De início, achou que o que sentia era mera ansiedade, pois a apresentação do grupo parecia algo perigoso. Somente mais tarde conseguiu reconhecer a agitação de seu corpo. A reação foi tão intensa que, não raro, Henri sentiu dificuldade para expressá-la em palavras. Primeiro, tentou descrevê-la mediante gravação em fita cassete, material esse que depois seria transcrito por Connie, sua secretária no Canadá[11]. Durante a gravação, Henri percebeu que sua voz estava trêmula e hesitante, mas não podia evitar isso.

O que realmente me comoveu e me encantou foram os trapezistas. Foi por isto que me envolvi tanto com o circo:

---
11 Manuscrito não publicado intitulado The Flying Rodleighs – The Circus (Nouwen Archives).

21

quando assisti à apresentação do grupo, achei tudo absolutamente fascinante. Eram cinco artistas: quatro sul-africanos e um estadunidense. Fiquei tão impressionado com o que vi, que não consegui deixar de pensar neles. A trupe fazia coisas incríveis no ar, e, de algum modo, essa sempre havia sido minha motivação para ir ao circo – e foi importante eu ter reconhecido isso. O que me atraía não eram os animais nem os palhaços; os artistas do trapézio eram o que eu sempre ansiava ver, o que sempre me fisgava. E aqueles rapazes eram mesmo magníficos. Na verdade, não eram somente homens: havia três homens e duas mulheres, e eu ficava fascinado com o modo como eles se movimentavam livremente no ar, dando aqueles saltos incríveis, apanhando seus companheiros em pleno voo... Eu ficava simplesmente embasbacado com a capacidade física deles.

Porém, sentia-me igualmente deslumbrado com o trabalho de equipe do grupo, com a maneira como eles atuavam juntos, pois me dei conta de que devia existir entre aquelas pessoas uma enorme intimidade, visto que tudo o que fazem depende da cooperação, da confiança mútua e de uma sincronia perfeita.

Desde o início, percebi que precisava haver uma verdadeira união entre os integrantes do grupo e reparei que eles gostavam daquilo, que se divertiam com o que faziam e partilhavam um tipo de empolgação que me contagiou muito.

Sabe, minha reação foi uma espécie de "Uau!", e devo confessar que, enquanto eu assistia ao espetáculo, eles me pareciam ser, de alguma maneira, semelhantes a deuses, a ponto de eu sequer ousar chegar perto deles. Minha reação emocional foi esta: "O talento e os dons dessas pessoas estão realmente muito além dos meus. Elas são fantásticas! Quem sou eu? Um cara franzino querendo conhecê-los mais de perto?" Parecia impossível até mesmo me imaginar encontrando-os pessoalmente. Então, notei como aquele sentimento era intenso. Tudo era tão impressionante, tão impressionante... E, dentro de mim, havia algo maior do que a mera emotividade de um fã que admira um músico ou outro tipo de artista. Era como se aqueles rapazes vivessem, de fato, no paraíso. "Eles vivem no ar, e eu vivo na terra; portanto, dada a grande distância que nos separa, não tenho permissão para conversar com eles."

Eu estava tão arrebatado por minha reação emocional diante do grupo, que não me sentia nada à vontade para procurá-los para uma conversa. Muito tempo depois de o espetáculo terminar, eles meio que ainda eram parte das minhas fantasias.

Então, fui vê-los mais uma vez no circo. Sabe como é, eu ficava assistindo às demais apresentações, mas, assim que os Flying Rodleighs entravam em cena, eu era novamente tomado pelo entusiasmo. A maneira como eles caminhavam na direção do picadeiro, escalavam até o topo da tenda e depois davam aqueles saltos enormes, com seu estilo particular combinado à música, o modo como sorriam uns para os outros, como se divertiam, a sincronização entre eles e tudo o mais... Eu não conseguia acreditar no que via. Nesta segunda vez, meu fascínio por eles foi ainda maior do que na primeira. Era simplesmente inacreditável, e comecei a ficar muito ansioso, pensando:

"Vou falar com esses rapazes quando o espetáculo terminar". Seria como conversar com seres de outro planeta[12]*.*

Henri não conseguia deixar de pensar naquela experiência. Talvez o improvável novo encontro com uma trupe de trapezistas não seria uma interrupção em seu trabalho de escritor. Quem sabe não seria o início de um livro inédito e significativo? Ele certamente acharia uma maneira de descrever aquilo tudo. De alguma forma, aquele assombro deveria ser compartilhado. Tudo ali era muito comovente.

.. • • • ..

Agora, no entanto, estamos em 1996, e Henri está deitado numa cama de hotel perto de Amsterdã, acompanhado por dois paramédicos. De algum modo, cinco anos se passaram desde aquela ida ao circo com seu pai, uma experiência da qual Henri nunca se esqueceu. Porém, tudo que lhe vem à mente neste instante são fragmentos de capítulos, um diário mantido por várias semanas e muitas ideias. E, pelo menos por ora, ainda não tinha conseguido escrever seu livro sobre os Flying Rodleighs.

Enquanto observa Dennie retirar equipamentos médicos de uma valise, Henri se pergunta: "Como eu me sentiria agora, se decidisse me render?"

"De fato, nunca consegui escrever esse livro", tenta sussurrar para si. Experimenta uma sensação estranha ao

---

[12] Nouwen, H. J. M. The Flying Rodleighs – The Circus (p. 1-3, 4) (Nouwen Archives).

reconhecer isso, como se não houvesse volta, como se se tratasse de algo que poderia ter feito, mas acabou não concretizando. Foi só um comentário informal, mera conversa fiada. A menos, claro, que um ouvinte atento lhe perguntasse: "Por quê?"

Henri compreende que não tem resposta para essa pergunta.

2

Dennie desabotoa a camisa de Henri e levanta a camiseta que está por baixo dela para, assim, auscultar-lhe o coração. Não é que o quarto esteja frio, mas Henri não está habituado a exibir o peito nu, muito menos diante de uma plateia. Ele treme.

.. • ● • ..

Poucos meses depois de encontrar os Flying Rodleighs, Henri releu a transcrição da gravação que fizera sobre a trupe de trapezistas e deu um sorriso. Adorava se lembrar daqueles dias mágicos. Passou os dedos pelos cabelos ralos e refletiu sobre o que tinha lido. O texto não transmitia muito bem o que ele queria dizer. Ou, para sermos mais exatos, não correspondia ao modo como ele gostaria de dizer aquelas coisas. Sua intenção não era simplesmente descrever a empolgação que sentira, mas garantir que o leitor *sentisse* tal empolgação. Frustrado, deu um suspiro. Queria contar uma história, relatar como havia se encantado ou mesmo se apaixonado pelos Flying Rodleighs. Porém, embora fosse um autor prolífico, Henri nunca tentara escrever uma *história*.

Sempre ávido por aprender, comprou dois livros sobre o processo de escrita[13]. Alguns trechos da obra *Writing Creative Non-Fiction*, de Theodore Cheney, pareciam resumir bem o que Henri buscava: "Recorra a detalhes substanciais", escreveu à margem de uma das páginas. "Desenvolva o enredo cena por cena", sublinhou.

Tentou recomeçar criando um sofisticado cenário europeu e retratando a si mesmo como um autor de livros sobre espiritualidade que, então, se dedicava à escrita de uma agradável obra sobre o amor e a liberdade interior.

Viajar a Freiburg, no sul da Alemanha, sempre foi um enorme prazer para mim[14]. *As lembranças mais serenas e felizes que tenho das últimas décadas remetem a essa linda cidade, situada entre o Rio Reno e a Floresta Negra.*

Em abril de 1991, retornei a Freiburg para dedicar mais um mês à escrita. A comunidade L'Arche Daybreak, em Toronto, a qual considero meu lar desde 1986, me incentiva a me afastar, por pelo menos dois meses ao ano, de minha intensa convivência diária com pessoas com deficiências mentais; o objetivo é que, livre de qualquer culpa, eu me "permita" reunir pensamentos, ideias e histórias a fim de expressar novas perspectivas sobre os meios de que

---

13 Henri faz menção aos livros *Writing for Story* (Franklin, 1986) e *Writing creative non-fiction* (Cheney, 1987), citados no registro de 14 de maio, quinta-feira, em Nouwen, H. J. M. Circus Diary – Part II (p. 7). Os exemplares desses livros adquiridos por Henri ainda podem ser encontrados na biblioteca da casa onde ele morou, em L'Arche Daybreak, com trechos sublinhados e notas à margem das páginas.

14 Nouwen, H. J. M. Chapter I (p. 1-3) (Nouwen Archives). Essa passagem marca uma segunda tentativa de Henri de escrever sobre seus primeiros encontros com os Flying Rodleighs, cap. I e II. Todas as demais citações em itálico neste capítulo constam em Chapter I, salvo indicação em contrário.

o Espírito de Deus pode se valer para manifestar sua presença curativa entre nós.

Amo Daybreak. Aprecio as pessoas, o trabalho, as celebrações etc., mas também entendo que ela absorve todo o meu tempo e a minha energia, de tal maneira que é praticamente impossível conseguir parar e me perguntar: "Qual é o sentido disso tudo, afinal?"

Passei boa parte do dia num quarto de hóspedes no terceiro andar de uma modesta casa de irmãos franciscanos, escrevendo sobre "a vida dos filhos amados". Nos últimos anos, os moradores de Daybreak têm me ajudado a redescobrir uma verdade simples, mas profunda: todas as pessoas, deficientes ou não, são filhas e filhos amados de Deus; e, ao se apropriar dessa verdade, são capazes de encontrar a autêntica liberdade interior.

Esse discernimento espiritual me tocou de forma tão intensa que decidi passar um mês inteiro refletindo e escrevendo a respeito dele, na expectativa de conseguir ajudar a mim mesmo e aos outros a superar um sentimento profundamente arraigado, a saber, a tendência à autorrejeição[15].

Numa de suas leituras, Henri sublinhou o seguinte trecho: "Os autores de não ficção limitam-se a nos mostrar como as coisas do mundo realmente lhes aparentam ser, deixando ao leitor a tarefa de interpretar o que elas significam". Então, desta vez, fez seu relato sem, contudo, interpretá-lo.

---

15 Esse tema está presente em muitos livros de Henri. Particularmente ciente dos perigos enfrentados por homossexuais, ele escreveu o capítulo The Self-Availability of the Homosexual. *In*: Oberholtzer, W. D. (1971). *Is Gay Good?: Ethics, theology, and homosexuality*. Westminster Press. • Tal registro é abordado em *Lonely Mystic* (Ford, 2018).

Porém, essa minha visita a Freiburg estava prestes a se transformar numa experiência ímpar. Ela me reservava um presente que eu nunca poderia ter imaginado: uma perspectiva totalmente nova acerca do amor a que a humanidade está sujeita, perspectiva essa que habitaria minha alma por muitos anos. Aquilo foi tão surpreendente, tão revigorante e tão revelador, que me conduziria a uma nova viagem, um trajeto que nem mesmo em meus sonhos mais extravagantes eu poderia imaginar.

Deixe-me contar como se deu isso. Tudo começou com meu pai, que mora na Holanda e um dia manifestou grande vontade de me visitar em Freiburg.

Na semana em que estivemos juntos, deixei minha escrita totalmente de lado. Passamos o tempo todo "visitando lugares", embora a fragilidade do coração de meu pai o impedisse de fazer longas caminhadas. Dado que visitas a museus e igrejas eram cansativas demais para ele, procurei concertos e filmes como meios de entretenimento. Folheei o jornal em busca de informações e pedi dicas sobre eventos culturais interessantes; então uma pessoa comentou, em tom de brincadeira: "Bem, há um circo na cidade!" O circo, o circo! Fazia muitos anos que eu não ia a um circo. Para falar a verdade, eu sequer voltara a pensar num deles desde a vez em que assisti a um espetáculo da companhia Ringling-Barnum and Bailey em New Haven, Connecticut. Assim, perguntei ao meu pai se ele gostaria de ir ao circo, e a resposta foi quase imediata: "Eu adoraria! Vamos, sim!"

Acompanhados de Franz Johna e sua esposa, Remy, além de Robert, filho do casal, fomos ao circo Siemoneit

Barum, que tinha acabado de chegar à cidade. Eu não sabia o que esperar daquela experiência, apenas torcia para que meu pai gostasse e que a noite fosse prazerosa para nós todos: gargalhadas sinceras, ótimas surpresas, conversas agradáveis e uma boa refeição após o espetáculo. Eu não estava nem um pouco preparado para algo que exerceria profunda influência em minha maneira de pensar, em minhas leituras e em meus textos dali em diante.

O programa da noite incluía atrações bastante tradicionais: cavalos, tigres, leões, zebras, elefantes e até mesmo uma girafa e um rinoceronte. Aquilo tudo garantiria um divertimento maravilhoso, mas, não fossem os Flying Rodleighs, não demoraria muito para que eu me esquecesse daquilo tudo e retomasse a escrita de The life of the beloved [*A vida de quem é amado*], *deixando completamente para trás tudo o que vi no circo.*

No último número antes do intervalo, cinco trapezistas – duas mulheres e três homens – entraram no picadeiro como se fossem rainhas e reis. Depois de rodopiar suas largas capas prateadas em torno de si num cumprimento à plateia, entregaram esses adereços a assistentes, subiram na enorme rede de proteção e começaram a escalar as escadas de corda que os conduziam a suas posições no alto da tenda. No exato instante em que eles surgiram em cena, minha atenção foi completamente fisgada. O modo confiante e alegre com que entraram, sorriram, cumprimentaram o público e subiram o cordame do trapézio me disse que eu estava prestes a assistir a algo, ou melhor, a vivenciar *algo que tornaria aquela noite inigualável*[16].

---

16 Nouwen, H. J. M. Chapter I (p. 4, 6-9) (Nouwen Archives).

"Uma cena reproduz a dinâmica da vida; vida é movimento, ação." Henri gostou disso[17]. O que pretendia comunicar acerca do trapézio era a ideia de movimento e de ação. Todos os seus livros anteriores haviam se baseado em alguma mensagem que ele queria transmitir, mas agora era diferente. Henri não sabia ao certo qual seria o significado dessa experiência; só estava ciente de que ela era muito poderosa e muito concreta, e ele queria compartilhá-la.

Os dez minutos que se seguiram me deram o vislumbre de um mundo do qual eu ainda não havia me dado conta: um mundo que combina disciplina e liberdade, diversidade e harmonia, risco e segurança, individualidade e comunidade; e, acima de tudo, um mundo onde é possível voar e ser apanhado no ar.

Sentado em minha cadeira, totalmente perplexo, eu mal conseguia acreditar no que via.

"Sim, é isso!", pensou Henri ao fazer uma pausa na escrita. "Voar e ser apanhado no ar. Isso é tudo que sempre desejei."

Ainda hoje não sei dizer o que aconteceu naquela noite. Terá sido a presença de meu pai, então com 88 anos, que me fez ver algo de eterno em um número de trapézio que, para muita gente, é só mais uma atração em duas horas de diversão dentro de um circo? (Meu pai decerto tinha a ver com aquilo, pois sua visita provocava a maravilhosa sensação de liberdade e conexão mútuas que cos-

---

17 Henri sublinhou esse trecho no livro *Writing creative non-fiction* (Cheney, 1987, p. 49).

tuma emergir entre pai e filho quando já têm mais idade).
Ou terá sido o fato de eu estar muitíssimo concentrado no chamado para que reafirmasse como um dom eterno minha condição de filho amado e sem reservas anunciasse ao mundo tal condição?

Quase não resta dúvida de que meu coração e minha mente estavam bastante abertos a experimentar novas visões e novos sons. Por que não seria possível aos anjos de Deus se aproximarem de mim encarnados como cinco trapezistas? Também pode ser que o fato de eu estar tão distante das tarefas e incumbências próprias do cotidiano de minha comunidade, bem como a rara oportunidade de usar o tempo e o espaço de modo tão inédito, tenha me deixado receptivo a uma redescoberta interior.

Sentado na plateia do circo, eu me sabia livre para enxergar o que quisesse e precisasse enxergar; também sabia que ninguém podia me obrigar a limitar meu campo de visão, fazendo que eu visse aquele espetáculo como um mero número de acrobacias aéreas muito bem executadas, mas não perfeitas.

Henri releu o parágrafo. "Ninguém podia me obrigar a limitar meu campo de visão. Por que ele escrevera aquilo?" Pareceu-lhe uma ideia um tanto imatura, como se ele estivesse enfrentando alguma autoridade crítica externa que buscava limitar suas percepções e experiências. Mas então Henri percebeu que, talvez, se sentir imaturo fosse justamente a questão em pauta, pois, ao assistir aos Flying Rodleighs, ele fora transportado para uma época remota de sua vida.

No instante em que vi os cinco artistas entrando no picadeiro, tive certeza de uma coisa: eles me fizeram retroceder 43 anos no tempo, a uma época em que, adolescente de 16 anos, assisti pela primeira vez a uma apresentação de trapezistas num circo holandês. Não lembro quase nada daquele espetáculo, com exceção do número de trapézio. Aquilo fez nascer em mim um desejo que não poderia ser evocado por nenhuma outra expressão artística: o anseio de pertencer a uma comunidade de amor capaz de romper os limites do que se considera comum.

Embora eu não dispusesse de um corpo atlético e não tivesse nenhuma participação relevante numa competição esportiva, naquele momento, o trapézio se transformou num sonho para mim. Tornar-me um trapezista simbolizava a realização do desejo humano de autotranscendência, isto é, de elevar-se acima de si mesmo e ver como num lampejo a essência das coisas.

Enquanto eu estava assentado ao lado de meu pai na plateia do circo de Freiburg, esse meu desejo de adolescente retornou com força total. Fazia mais de quarenta anos que eu não pensava no assunto, mas como ele me pareceu intenso e real! Era como se todos aqueles anos tivessem passado num único segundo. Aconteceram tantas coisas – e tão poucas – entre 1948 e 1991... Talvez elas não tenham sido nada além de meras variações daquele mesmo desejo de autotranscendência. Ter me tornado padre, estudado psicologia e teologia, viajado pelo mundo todo, escrito e palestrado para os mais diversos grupos de leitores e as mais diferentes plateias, saído de meu país, le-

cionado em várias universidades e enfim ingressado numa comunidade que reúne pessoas com deficiências mentais – Será que tudo isso foram meras tentativas de me tornar um volante ou um portô?[18]

Ali naquele circo, em abril de 1991, de repente vi meu sincero desejo encenado bem diante de meus olhos, e percebi que aqueles cinco artistas faziam tudo o que eu sempre quis fazer.

"Uma comunidade de amor capaz de romper todos os limites do que se considerava comum. Eis meu sincero desejo", Henri repetia a si mesmo.

Os Flying Rodleighs eram formidáveis: as mulheres usando o que, para Henri, pareciam trajes de banho[19], e os homens, de peito nu, vestindo *collants* cintilantes. Henri sempre se sentiu atraído por homens, e sabia disso desde muito jovem. Entre seus amigos mais próximos, ele assumiu sua condição de *gay* e, como padre, levou a sério seus votos de celibato[20]. Porém, algo para além da

---

[18] No original, *catcher*. No universo circense, os termos "portô" (do francês *porteau*) e "aparador" remetem ao trapezista cuja função é apoiar, equilibrar e impulsionar o "volante" (no original, *flyer*), isto é, aquele que realiza os saltos [N.T.].

[19] No texto em que ditou, Henri chama de "trajes de banho" o figurino usado pelas mulheres durante a apresentação de trapézio. Nouwen, H. J. M. The Flying Rodleighs – The Circus (p. 5) (Nouwen Archives).

[20] Assunto abordado em *Wounded Prophet* (Ford, 1999, p. 73) e *Lonely Mystic* (Ford, 2018, p. 56). Henri era cauteloso ao escolher as pessoas com quem conversava sobre sua orientação sexual. Embora muitos leitores tenham intuído que Henri fosse *gay*, ele nunca assumiu tal condição. Jamais escreveu sobre sua sexualidade em texto publicado, mas discutiu com seus editores a possibilidade de abordar esse assunto em obras futuras. • Cf. tb. *Wounded Prophet* (Ford, 1999, p. 66-67, 73, 141-144, 191-194). • *Lonely Mystic* (Ford, 2018, p. 56-72). • Nouwen, H. J. M., & Earnshaw, G. (ed.) (2016). *Love, Henri: Letters on the Spiritual Life* (p. xiv-xv). Convergent Books.

beleza física dos Rodleighs o emocionava: eles também compartilhavam liberdade, trabalho em equipe, alegria e um harmonioso espírito de comunidade.

Henri releu o que escrevera. *Variações daquele mesmo desejo de autotranscendência.* Ou seria um desejo de escapar? Ou então de pertencer? O mero ato de escrever sobre aquela experiência o deixou abalado, com emoções que ele mal conseguia nomear e o faziam se derramar em lágrimas. Mas as ideias não paravam ali. Ele se forçou a continuar escrevendo.

Poucos dias depois daquela noite reveladora, meu pai voltou para a Holanda, e eu retomei meu projeto de escrita. Embora Franz e Remy Johna, bem como o filho deles, Robert, e sobretudo meu pai tivessem gostado do que viram no circo, pouco falamos do espetáculo depois daquela ocasião. Outros eventos e pessoas exigiam nossa atenção, e a tendência humana de voltar à conhecida rotina cotidiana acabou reduzindo a experiência a um entretenimento agradável.

Porém, quando me reencontrei com um grupo de frades franciscanos, ouvi por acaso um frade dizer a um dos estudantes: "Vamos ao circo hoje à noite?" Embora eu não me lembre de nenhuma situação em que tive vontade de assistir a um mesmo filme mais de uma vez, a ideia de voltar ao circo me empolgou muito, e prontamente aceitei o convite do frade para me juntar a eles. Minutos antes de sairmos, fui ao meu quarto, peguei o folheto com a programação do Circo Barum que eu tinha comprado dias antes e procurei a página onde havia informações sobre os artistas do trapézio. Ali estava:

"Força e Espírito – este espetáculo reúne um técnico de emergência médica, uma enfermeira qualificada, uma instrutora de atletismo, um soldado e um palhaço. Rod, o líder do grupo, sua esposa, Jennie, e a irmã dele, Karlene, bem como o volante Johan Jonas são sul-africanos. Jon, o segundo portô, é estadunidense e trabalhou no Ringling Circus. Esses profissionais talentosos apresentam um dos melhores números de trapézio do mundo."

Enquanto eu lia essa descrição dos cinco artistas, meu coração começou a bater mais forte. Parecia que eu havia espiado pela fresta da cortina atrás da qual estavam os protagonistas de um dos espetáculos mais emocionantes a que eu já assistira. De súbito, fui tomado por sentimentos que me eram completamente novos: curiosidade, admiração e um imenso desejo de estar perto deles, mas também um temor reverencial, um distanciamento e uma estranha sensação de timidez. Não me lembrava de ter sido, ao menos até então, um ardoroso fã de quem quer que fosse. Nas paredes de meu quarto nunca tive pôsteres de heróis do esporte nem de estrelas da música pop. Apesar disso, eu agora sentia essa estranha mescla de veneração e temor que dominam o coração de um adolescente apaixonado por um ídolo inalcançável.

3

Dennie coloca as mãos por debaixo do cobertor de Henri, cujos pés e tornozelos apalpa; então, diz: "Estão um tanto inchados", mas isso talvez se deva ao fato de Henri ter viajado num voo noturno e chegado há apenas algumas horas. O paramédico pede ao motorista da ambulância o monitor-desfibrilador LifePak® e posiciona no peito de Henri três eletrodos para eletrocardiograma.

Dennie coloca uma espécie de clipe na ponta de um dos dedos da mão direita de Henri, explicando a função do pequeno aparelho: medir a quantidade de oxigênio no sangue. Henri fica agradecido por Dennie lhe explicar o que está acontecendo, pois se sente mais seguro com isso.

– Também preciso introduzir um catéter intravenoso para verificar seu nível de glicose e, talvez, lhe dar algum remédio – diz Dennie. – Vou fazer isso agora, pois pode ser que sua pressão sanguínea caia, o que tornará mais difícil localizar uma veia. Você é canhoto ou destro?

– Destro – responde Henri contraindo o corpo involuntariamente enquanto o enfermeiro insere a agulha no dorso de sua mão esquerda.

– Consegue levantar a cabeça?

Ao tentar fazê-lo, Henri sente fraqueza e tontura imediatas. De repente, uma agitação toma conta do quarto. Dennie verifica o monitor-desfibrilador e apanha seu *walkie-talkie*.

Henri ouve a voz aflita do paramédico pedir ao funcionário do serviço de emergência que contacte urgentemente o corpo de bombeiros solicitando com prioridade máxima o resgate de um paciente num dos andares superiores do Hotel Lapershoek. A ideia é seguir dali para o Hospital Ziekenhuis Hilversum. O paramédico ainda pede que o funcionário se certifique de haver uma equipe de prontidão para acolher um paciente cardíaco na UTI do hospital.

Henri fica na expectativa de que a vertigem se dissipe. Não sente que haja um risco iminente, embora aquela chamada lhe soe como uma emergência.

O motorista da ambulância está agora ao telefone, falando com a recepção do hotel. "Dois caminhões dos bombeiros estão para chegar", diz ele ao gerente. "Vocês podem pedir que alguém da manutenção suba agora e abra a maior das janelas de correr?" O pedido é atendido de pronto.

Dennie guarda o *walkie-talkie* e, ao se voltar para Henri, percebe que este se esforça para entender o que acabou de ouvir. É bem provável que Henri espere por respostas claras e diretas para as perguntas que não verbalizou.

"Esta situação é um tanto incomum", Dennie explica com delicadeza. "A ambulância já está à nossa espera no estacionamento, mas o elevador é pequeno demais para uma maca; por isso, não podemos usá-lo para descer, pois você precisa ficar na posição horizontal. Também não dá para transportar você pelas escadas; elas são íngremes demais, e sua pressão está baixa."

Henri parece entender as explicações. Dennie inspira fundo e faz questão de manter contato visual com ele, já que as informações que lhe dará na sequência são as mais importantes.

"Já chamamos o corpo de bombeiros. Eles virão retirar você por uma janela."

Henri arregala os olhos. Será que ele sente dor ou está com medo? Dennie não tem certeza. Henri não parece tenso. Na verdade, parece querer dizer algo, mas permanece calado.

Retirado pela janela. Mesmo em meio ao desconforto, Henri se sente intrigado. Nove meses antes, em Praga, ele havia escrito em seu diário: *Aprendi uma nova palavra: defenestração*[21]. Nesse dia, ele ficou sabendo de episódios ocorridos em 1419 e 1618 nos quais as pessoas atiraram seus adversários pela janela, algo que provavelmente também aconteceu em 1948. Henri acrescentou, em tom de total descontração: *Nunca tinha ouvido falar nesse estranho "costume", mas, por garantia, resolvi manter minhas janelas fechadas!*

A sorte dele é que os paramédicos que agora propõem sua defenestração lhe parecem amistosos.

---

21 Registro de 20 de janeiro de 1996, sábado, nos diários sabáticos de Henri (Nouwen Archives). • Cf. tb. Nouwen, H. J. M. (1998) *Sabbatical Journey: The Diary of His Final Year* (p. 91). Crossroad.

..●●..

Durante toda a sua vida, Henri sentiu particular fascínio por gente bem-sucedida, pessoas que alcançam o máximo de destaque em sua área de atuação, qualquer que seja ela. Quando Henri lecionava em universidade, seus amigos o viam como alguém que aspirava a posições sociais mais elevadas[22], embora ele não se relacionasse apenas com pessoas importantes. Mesmo na época em que foi estudante universitário, mostrou interesse por todos, independentemente do estrato social em que se enquadrassem. Assim como seu pai, Henri gostava de pessoas que fazem bem as coisas, exibindo talento artístico, disciplina e convicção. Qual seria a origem dessa curiosidade acerca de tudo e de todos, esse insistente afã de experimentar o mundo sob uma perspectiva diversa e se colocar na pele de outras pessoas?

Mas tudo ia muito além de mera curiosidade. Talvez fosse uma espécie de autorrejeição. Por toda a vida, Henri quis ter um corpo diferente. Até onde era capaz de se lembrar, seu corpo mostrava desejos que jamais haviam sido satisfeitos[23]. Segundo sua mãe, a razão disso foram

---

22 Cf. Whitney-Brown, C. Lives lived: Henri J. M. Nouwen, *Globe and Mail*, 2 out. 1996. ● Naus, P. (2001). A man of creative contradictions. *In*: Porter, Beth (ed.). *Befriending life* (p. 80-81).

23 Uma sensível análise literária sobre as dificuldades de ser uma criança ou um adolescente *gay* pode ser encontrada em Stockton, K. B. (2009). *The Queer Child, or Growing Sideways in the Twentieth Century*. Duke University Press. ● Nos anos 1980, Stockton foi aluna de Henri na Escola de Divindade de Yale, e é interessante notar a palavra usada pela autora para nomear a própria experiência de beijar uma mulher pela primeira vez: "autodefenestração", conforme consta em sua obra *Making Out* (New York University Press, 2019, p. 15-17).

as rígidas instruções que ela recebera quanto ao modo de criá-lo, pelas quais o alimentava somente de quatro em quatro horas, pouco importando quão desesperadora fosse a fome que ele sentia. Ela percebia que o menino estava sempre faminto, característica que ficara gravada no corpo de Henri assim que ele nasceu. O fato de ele ter sido criado na Holanda em tempos de guerra e ter atravessado o penoso inverno de 1944-1945 em meio à escassez generalizada de comida só fez aprofundar essa fome de seu corpo[24].

Henri também sabia que sempre se sentira pouco à vontade com o próprio corpo e que este mostrava anseios e desejos que ele jamais tivera a coragem de expressar em palavras. Seu corpo almejava mais liberdade. Já na adolescência, ele queria ser como os trapezistas e desfrutar da liberdade e da transcendência de uma comunidade artística.

Henri é tomado por um desejo intenso de revelar mais sobre si mesmo a Dennie[25], que certamente se interessaria

---

24 Cf. *Wounded Prophet* (Ford). • Henri também escreveu sobre o penoso inverno de 1944-1945, período em que muitos passaram fome, e relatou o profundo pesar que sentiu à época em que era criança e o jardineiro que trabalhava em sua casa roubou-lhe a cabra de estimação para alimentar a própria família. Cf. Nouwen, H. J. M. (1994). *Here and Now: Living in the Spirit* (p. 48-49). Crossroads.

25 *Wounded Prophet* (Ford, p. 144, 213) aborda a "tendência de Henri de puxar papo com estranhos sobre assuntos bastante íntimos".

em saber quem eram os Flying Rodleighs. Numa entrevista ocorrida em 1995, perguntaram a Henri:

— Como você pretende aplicar os princípios dos Flying Rodleighs em sua vida nos próximos anos?

Ele respondeu entusiasmado:

— *Um dos princípios deles é a liberdade, e eu gostaria de ser mais livre. Correr mais riscos, sabe? E confiar. E isso já aconteceu. Tão somente me entregar por completo a essa loucura, alugar um* trailer *e sair viajando pela Alemanha junto com o circo – sobretudo quando se tem mais de 60 anos, isso logo de cara já é um tanto louco. Num sentido mais profundo, essa possibilidade me trouxe a sensação de que minha vida está apenas começando*[26].

Porém, ainda que o foco da atenção de Dennie esteja voltado para o corpo de Henri, este se sente cansado demais para lhe explicar todas essas coisas. E, de todo modo, a viagem com os Flying Rodleighs só aconteceu algum tempo depois disso.

---

26 Henri em entrevista filmada para o documentário *Angels Over the Net* (versão não editada).

4[27]

No livro *A anatomia de um luto*, C. S. Lewis afirma que ninguém jamais lhe dissera que o luto era muito parecido com o medo, "o mesmo tremor no estômago, o mesmo desassossego... Eu continuo engolindo"[28]. Henri engole em seco. No quarto de hotel, seus sentimentos se assemelham ao medo, mas também a alguma outra coisa estranhamente parecida com a empolgação que tomara conta dele cinco anos antes. Ninguém jamais lhe dissera que o medo é muito semelhante aos anseios de um adolescente: o mesmo batimento cardíaco, as entranhas em náusea, os breves e desconfortáveis espasmos, a perturbadora emoção que transborda em lágrimas. As reações que seu corpo mostra agora, em Hilversum, não diferem muito daquelas que ele sentiu em 1991, quando encontrou com os Flying Rodleighs pela primeira vez.

---

27 Salvo indicação em contrário, todas as citações de Henri incluídas neste capítulo estão presentes em seu manuscrito inédito sob o título Chapter I (Nouwen Archives).

28 Henri faz menção ao trecho inicial de *A anatomia de um luto*, de C. S. Lewis, publicado originalmente em 1961. Embora possuísse uma edição mais antiga do livro de Lewis, o exemplar disponível em sua biblioteca na Comunidade Daybreak foi publicado em 1989. O excerto reproduzido entre aspas corresponde à edição brasileira publicada em 2021 (Thomas Nelson Brasil).

..●●●..

Ao olhar para as fotos dos cinco artistas no folheto do circo, comecei a imaginar de que maneiras eles se uniram a ponto de produzir aqueles dez minutos de balé aéreo. Perguntei-me, então: "Quem é Rodleigh? Quem é Jennie? E Karlene? E Johan? E Jon? Quem são essas pessoas que voam e são apanhadas no ar pelos companheiros, sob a lona de um circo, em algum lugar na Alemanha?" Como eu gostaria de poder conversar com elas, olhá-las atentamente, tocá-las e, quem sabe, tornar-me amigo delas!

Eu me sentia constrangido diante dos meus próprios desejos, mas simplesmente resolvi não permitir que esse constrangimento me incomodasse além da conta. Afinal... ninguém me via ali... Eu estava longe de casa... longe do meu trabalho... longe dos meus deveres e obrigações... longe da minha vida corriqueira. Por que não me permitir ser um adolescente, um fã, um admirador incondicional? O que eu teria a perder com isso?

Matutar nessas ideias deixou claro que eu estava achando difícil lidar com a turbulência das minhas emoções. Pouco tempo depois, enquanto caminhava com meus anfitriões franciscanos na direção do circo, eu pensava: "Como será que posso encontrar esses artistas? Será que eles vão me receber bem, conversar comigo e me dedicar tempo e atenção, ou só vão me tratar como mais um dos inúmeros fãs que lhes fazem perguntas curiosas, mas tolas, *gente que eles precisam afugentar como se faz com abelhas que rodeiam um pote de mel?" Dei-me conta de que meus companheiros franciscanos sequer se faziam essas perguntas e, decerto, não as compreenderiam.*

A entrada da tenda havia sido decorada com centenas de luzinhas, imagens luminosas de leões, tigres e rostos de palhaços. Ao passar por ela, reparei que o diretor e dono do circo, Gerd Siemoneit, estava parado ali, em pé. Enquanto meus companheiros seguiram em frente para procurar seus assentos, eu o abordei, falando em alemão:

– Boa noite, senhor. Assisti ao espetáculo algumas noites atrás e gostei muito, especialmente a exibição dos Flying Rodleighs. Haveria alguma possibilidade de eu me encontrar com os trapezistas?

A resposta foi uma enorme surpresa. Apontando para uma mulher e uma garotinha que passavam diante de uma barraca de pipocas e refrigerantes, ele me disse:

– Ela é integrante do grupo. Por que não pergunta você mesmo?

Karlene demonstrou um visível desconforto quando o Sr. Siemoneit apontou para ela[29]. As regras do circo determinavam que Karlene não deveria circular pela área externa, onde poderia ser vista pelo público já maquiada, mas ela prometera à filha, Kail, que lhe compraria um refrigerante. Em vez de repreendê-la, o Sr. Siemoneit orientou um holandês magro e de meia-idade a ir até ela.

---

29 Stevens, R. What a friend we had in Henri (p. 2) (Nouwen Archives).
Salvo indicação em contrário, todas as citações de Henri incluídas neste capítulo estão presentes em seu manuscrito inédito sob o título Chapter I (Nouwen Archives).

— Olá, você fala inglês? — perguntou o homem.
— Ah, sim. Sou da África do Sul.

Vendo o sorriso radiante de Henri, Karlene se mostrou tão aliviada, que ele logo se sentiu um velho amigo dela. Ocupada com seu sorvete, a pequena Kail mal prestou atenção neles. Encantada com a admiração de Henri (a qual quase o impedia de se expressar) e com o nítido interesse dele em conhecer os integrantes da trupe, Karlene o convidou a encontrá-los nos bastidores durante o intervalo, após a *performance* do grupo. A trapezista imaginou que aquele fã fascinado, de cabelos grisalhos, seria capaz de divertir seu irmão, Rodleigh. Em seguida, Karlene e a filha se dirigiram rapidamente para trás das cortinas.

Quando voltei tentando descobrir onde estavam meus amigos franciscanos, senti como se tivesse dado um enorme salto. Era como se eu tivesse feito algo de que me considerava incapaz – como se eu houvesse quebrado uma espécie de tabu perigoso. Depois de encontrar meus companheiros, centrei o foco da minha atenção no diretor do circo, Gerd Siemoneit: caminhando rumo ao centro do picadeiro com o microfone à mão, ele anunciou o primeiro número. Sacha Houck e seus puros-sangues árabes. Porém, minha mente estava longe dali. Assisti impaciente ao número dos cavalos e às apresentações seguintes. Enfim, mais de quarenta minutos depois, um grupo de marroquinos entrou carregando uma enorme rede e, com incrível rapidez, montou-a sobre o picadeiro, cobrindo toda a sua superfície e estendendo-se até as extremidades da tenda.

Um palhaço tentava nos manter entretidos enquanto se faziam os preparativos para o número do trapézio. Então, com grande pompa, o diretor anunciou o "perigoso, fantástico e esteticamente belo espetáculo dos... (fez aqui uma pausa para elevar o clima de tensão) Flying Rodleighs!" Em meio a um ruidoso aplauso, eles entraram no picadeiro rodopiando suas capas prateadas. Despiram-se das capas, pularam para dentro da rede, escalaram a escada de cordas e deram início a sua apresentação.

Novamente, fiquei alucinado pelas acrobacias deslumbrantes, mas, desta vez, senti um medo estranho. Tendo conversado com Karlene pouco antes, e estando ciente de que os encontraria dali a alguns minutos, experimentei uma estranha preocupação com o bem-estar deles. Eu não parava de pensar: "Espero que tudo corra bem. Tomara que não cometam nenhum erro". Foi então que aconteceu. Quando Karlene largou a barra de seu trapézio para ser apanhada por seu colega, notei que algo tinha dado errado. Senti a tensão em meu corpo ao ver Karlene escapar das mãos de seu parceiro e mergulhar na rede, onde o corpo dela ricocheteou até cair de novo e se acomodar. A plateia soltou um arquejo apreensivo, mas logo se tranquilizou ao ver Karlene levantar-se, pular na rede, caminhar na direção da escada de cordas e novamente escalá-la para dar sequência à performance.

Henri sente o corpo inteiro tremer enquanto recorda a tensão que o dominara ao imaginar a comoção causada por um espetáculo tão perigoso, um número permeado pela constante possibilidade de falha. Karlene simplesmente voltou a subir pela escada de cordas e deu sequência à apresentação, mas a reação emocional de Henri era para ele quase insuportável. Não se tratava apenas da queda física, mas o risco da humilhação pública, do julgamento severo de uma plateia frustrada.

Depois desse incidente, mal consegui assistir ao restante da apresentação. Eu sabia que a mulher com quem eu tivera uma breve interação diante de uma barraca fora da tenda estava bem, mas, de repente, eu me via confrontado pelo lado oculto daquele balé aéreo: não se tratava apenas dos perigos de uma ferida corporal, mas do risco de fracasso, vergonha, culpa, frustração e raiva.

5

Ao perceber que Henri está tremendo, Dennie o tira do devaneio: "Ok, o corpo de bombeiros vai trazer uma maca aqui para cima. A janela por onde você será removido fica no corredor; ela é grande o suficiente para passarmos a maca, que será colocada num guindaste preso a um caminhão de bombeiros. Estarei ao seu lado o tempo todo enquanto você for transportado até o nível da rua".

Por um instante, Henri se pergunta se está tendo um sonho estranho, daqueles que costuma ter quando se esquece de tomar seu ansiolítico antes de dormir. Ele toma Lorazepam® há mais de sete anos, embora já tenha tentado largar o medicamento[30].

Seis meses antes, no fim do inverno, Henri conversou com o médico de Nova Jersey, com quem vinha se consultando durante seu ano sabático, sobre a possibilidade de abandonar esse remédio. Estava preocupado com o que vivenciou depois de um almoço no qual teve uma conversa animada entre amigos.

– *Quando cheguei em casa, eu me sentia exausto. Cansado, com tontura, e sem conseguir me concentrar.*

---
[30] O uso dessa medicação por Henri e a conversa que ele teve com seu médico a respeito disso, o que inclui as transcrições das falas de Henri sobre esse assunto, estão em seus diários sabáticos inéditos, especificamente no registro do dia 21 de março de 1996 (Nouwen Archives).

Percebi que era por não ter tomado o comprimido de Lorazepam® antes de dormir, na noite anterior – disse ao médico. – *Como não tinha certeza se havia ou não tomado o comprimido, preferi não arriscar tomar novamente.* – O volume de sua voz foi diminuindo até que ele conseguiu se recompor. – *Acho que me tornei dependente desse remédio desde a minha cirurgia, em janeiro de 1989. Quando fico sem ele, tenho pesadelos, e meu sono se torna bastante agitado. Por isso, passei o dia todo indisposto e sem ânimo.*

Seu médico assentiu com a cabeça e lhe disse:

– Se você quiser parar com o Lorazepam®, precisará enfrentar esse mal-estar por duas semanas, no mínimo.

Henri refletiu e respondeu:

– *Ainda não estou preparado para isso. Parece-me um desperdício de tempo e de energia.*

Mais tarde naquele mesmo dia, Henri registrou esse diálogo com seu médico no diário que manteve durante seu ano sabático (e que seria publicado posteriormente). "Talvez os leitores consigam se beneficiar dessa confissão de vulnerabilidade", ponderou. Muita gente depende dos mais diversos tipos de medicamento para se sentir bem, e era possível que essas pessoas se sentissem menos sozinhas ao saber que Henri também passava por isso. Escrever sobre experiências humanas compartilhadas faz parte do exercício de seu ministério, uma maneira de entregar a vida pelos outros[31].

---

31 Nouwen, H. J. M. (1997). *Nossa maior dádiva*. Paulinas.

Agora, Henri se pergunta vagamente se mais alguém sonha ser defenestrado por paramédicos musculosos depois de ter se esquecido de tomar seu remédio na noite anterior. Mas não, ele se dá conta de que este não é um sonho. De fato, ele está num hotel em Hilversum, à espera do corpo de bombeiros.

De repente, Henri se sente estarrecido, nauseado e ansioso. Uma coisa é dizer, como ele muitas vezes o fez, que sua vida passou por uma transformação: de um movimento intelectual, na condição de professor famoso, para um movimento que nasce do coração, vivendo numa comunidade junto de pessoas com deficiência mental, e deste segundo estágio para outro mais recente, no qual descobriu o próprio corpo de maneira inédita. A graciosa passagem da mente para o coração e do coração para o corpo lhe parecia convincente enquanto ele era capaz de se manter firme, em pé, pisando no chão. Porém, sua mente agora gira, seu coração parece fraquejar, e seu corpo está prestes a ser removido através de uma janela. Defenestrado. E sozinho.

Henri faz um esforço para desviar seus pensamentos e colocar o foco nas lembranças daquele emocionante primeiro encontro que teve com seus novos amigos.

．．●●●．．

Assim que os trapezistas terminaram seu número, foram aplaudidos e sumiram por trás das cortinas, pedi licença a meus companheiros e me dirigi à coxia do circo.

Num canto escuro da coxia, os cinco trapezistas se vestiam com seus moletons. Tão logo me viu, Karlene gesticulou para mim, pedindo para eu me aproximar e dizendo ao grupo que tínhamos nos encontrado antes do espetáculo. Também comentou que ela me convidara a encontrá-los depois da performance. *Não houve nenhuma apresentação formal. Só me deram um "olá" e continuaram a conversar sobre a exibição. Permaneci por ali.*

Rodleigh deu um suspiro no momento em que entrou na coxia, pronto para recapitular o porquê de Karlene ter lhe escapado das mãos[32]. Sempre que havia alguma falha na apresentação, era particularmente importante tentar entender o que acontecera, para que não repetissem o mesmo erro.

Juntar-se ao restante da trupe, Rodleigh não pareceu contente ao perceber um estranho entre o grupo, sobretudo numa noite em que haviam falhado. Eles não conseguiriam discutir o assunto com privacidade. Então, pensou: "Bem, direi a ele que, se permanecer em silêncio, apenas ouvindo respeitosamente, poderá ficar. Temos um trabalho a fazer".

Depois que Karlene, irmã de Rodleigh, apresentou os colegas ao seu novo amigo, Rod percebeu que seu mau humor se dissipava à medida que Henri os elogiava e expressava sua sincera admiração. Logo em seguida, os trapezistas se colocaram em pé formando um círculo e começaram a discutir detalhes da *performance* daquela noite, ao que

---

32 Todos os detalhes acerca da postura de Rodleigh Stevens se encontram em "What a friend we had in Henri" (p. 2-3) (Nouwen Archives).

Henri pulou para dentro do círculo e os interrompeu com uma enxurrada de perguntas, movimentando suas grandes mãos de maneira agitada. Incomodado, porém divertido com aquela cena, Rodleigh tentou controlar a empolgação do recém-chegado, mas Henri persistiu, postando-se de pé bem diante deles, de modo que não conseguiam ver uns aos outros direito. Porém, era difícil ficar irritado com aquilo: a investida de Henri não tinha nada de deliberado, e os trejeitos de seu rosto eram tão cômicos que, mesmo antes do fim do encontro, os cinco trapezistas já estavam dando risada. Henri pareceu não se importar com isso. De fato, as risadas o deixaram ainda mais à vontade. Quando Rodleigh lhe perguntou por que se colocava bem diante da pessoa que estava falando, Henri explicou que não conseguia ouvir direito aquelas palavras que lhe soavam pouco familiares; queria, portanto, manter todo o foco em quem falava. Rodleigh aceitou a explicação e decidiu que, se um dia viesse a reencontrar Henri, lembraria de falar com clareza e em volume bastante audível.

Enquanto ouvia a conversa deles, eu me dei conta de que tinha entrado num mundo completamente diferente. Embora falassem num inglês claro e inteligível, eu não conseguia compreender nem uma frase por inteiro. Distinguia palavras isoladas, como "pular", "layout[33]", "passagem", "apanhar", mas havia outros termos que eu mal conseguia pronunciar, muito menos compreender. Estava claro, po-

---

33 Movimento em que o trapezista, balançando-se com as mãos na barra do trapézio, mantém coluna e pernas eretas. Ao se aproximar da área central sobre a rede, ele impulsiona suas pernas para a frente, dá uma cambalhota e, então, é apanhado pelo colega [N.T.].

rém, que examinavam e analisavam minuciosamente cada movimento realizado naquela apresentação de dez minutos.

O grupo não deu demasiada importância à queda de Karlene na rede, embora essa tenha sido minha maior preocupação. Conversaram sobre o assunto, mas apenas como um detalhe de um número extenso e complexo.

Terminada a conversa, o grupo deixou a tenda e seguiu na direção de seus trailers. Eu os acompanhava quando um deles se virou para mim e disse:

— Meu nome é Rodleigh... Vamos lá, esta é a sua oportunidade de me fazer perguntas.

Senti um certo distanciamento, ou mesmo um receio de parecer um intruso não muito bem-vindo. Na verdade, eu não havia preparado nenhuma pergunta em particular. Então, respondi:

— Bem, fiquei tão emocionado com a apresentação de vocês que quis encontrá-los para, talvez, compreender um pouco melhor a essência dessa arte... Não tenho nenhuma pergunta específica. Sei muito pouco para conseguir perguntar alguma coisa.

Ao perceber que Henri parecia determinado a descobrir de uma vez só tudo o que dizia respeito ao circo e à apresentação do grupo, Rod tentou o velho truque de virar a mesa e perguntou a ele qual era sua profissão.

— Sou padre. Trabalho no Canadá, numa comunidade de pessoas com deficiência. Também sou escritor — respondeu Henri.

Rodleigh, atônito, olhava-o fixamente. Não era a resposta que esperava obter daquele homem alto e calvo cuja feição expressava desamparo e confusão crônica. Ficou enternecido com o sorriso largo de Henri e com aqueles enormes olhos que reluziam por trás dos óculos de lentes grossas. No entanto, deu-se conta de que o modo mais rápido de mandar Henri de volta ao seu assento na plateia seria convidá-lo a assistir aos ensaios do grupo no dia seguinte.

Rodleigh sorriu e me disse:

– Se quiser, venha assistir aos nossos ensaios amanhã de manhã, às onze horas, e então descobrirá por conta própria qual é a essência deste trabalho.

Fiquei ali olhando para ele, sem acreditar direito no convite. Por que ele me convidou? Por que quis que eu voltasse lá para descobrir por conta própria? A mim pareceu que Rodleigh levou mais a sério do que eu mesmo o meu interesse pela profissão deles. Contudo, apesar de todos esses questionamentos, minha resposta não mostrava dúvidas:

– Eu adoraria! – devolvi rapidamente. – Obrigado pelo convite! Com certeza estarei aqui amanhã às onze.

Rodleigh voltou depressa para seu *trailer*, divertindo-se com esse curioso episódio. Não esperava, de fato, que Henri voltaria no dia seguinte.

Enquanto os cinco atravessavam o pequeno portão que separava a área da tenda e o estacionamento dos trailers, *despedi-me deles com um aceno e disse: "Vejo vocês amanhã!" Retornei então para o interior do circo, onde meus amigos franciscanos se perguntavam qual teria sido meu paradeiro durante o intervalo. Não contei a eles; tão somente permaneci em silêncio, observando os tigres, os leões, o palhaço e os acrobatas. Minha mente não estava* mais ali. Eu só me perguntava qual seria o desdobramento daquele breve encontro.

Enquanto a banda do circo tocava suas músicas e os números iam se sucedendo, percebi que eu havia tomado uma decisão: pelo tempo em que os Flying Rodleighs permanecessem na cidade, eu os encontraria a cada oportunidade que tivesse, fosse em ensaios, fosse em apresentações propriamente ditas. Era certo que eu havia encontrado algo que me faria dar um grande passo na compreensão do mistério de estar vivo. Os outros talvez considerem o circo apenas uma ótima distração ou uma pausa bem-vinda em sua rotina cotidiana; de minha parte, resolvi que ele seria minha nova vocação!

Quando despertei dos meus devaneios, reparei que o gerente Gerd Siemoneit chamava todos os artistas de volta ao picadeiro para o gran finale. Foi então que vi os trapezistas novamente. Radiantes e reluzentes em seus trajes vermelhos com adornos dourados, eles acenavam para o público, que os aplaudia. Enquanto os Flying Rodleighs estavam ali, acenando em meio a domadores de leões, palhaços, equilibristas, acrobatas e treinadores de puros-sangues, senti meus olhos marejarem. Soube então que aquela noite marcaria o início de uma nova aventura espiritual cujo fim era conhecido apenas por Deus.

Aquela experiência emocional era totalmente inesperada, e, embora sua reação consistisse num elemento central da história que ele estava contando, Henri ainda tateava em busca da melhor maneira de entendê-la e expressá-la com clareza. Ele sabia que, na opinião de alguns leitores, extrapolava em suas revelações e relatava coisas sobre sua vida interior de modo indiscriminado. Contudo, sabia também que era uma miragem, um *personagem* que se mostrava verdadeiro, mas não por completo. Cauteloso quanto ao que escrevia, decidiu terminar a história naquela mesma noite.

No caminho de volta para o convento de franciscanos, o frade e seus alunos pouco tinham a comentar sobre o espetáculo a que haviam assistido. Afirmaram tê-lo apreciado, mas a conversa logo tomou outro rumo. Não contei a eles o meu "segredo". Como é que lhes explicaria minha intenção de ir ao circo pelo menos duas vezes ao dia? Bem, eu não precisava explicar coisa alguma! Gostei da ideia de guardar um pequeno segredo, do mesmo modo que, quando menino, escondia meus tesouros em túneis que eu cavava no quintal da casa dos meus pais.

Naquela noite, não dormi bem. Em minha imaginação, eu continuava a olhar para cima, enxergando duas mulheres e dois homens que se movimentavam livremente no ar; então, pensei: "Será que não é esta a essência da vida: voar e ser apanhado no ar!?" Decerto meu pai diria que sim.

Será que os leitores compreenderiam a dramática ironia da narrativa de Henri, a saber, o fato de estar descrevendo seu "pequeno segredo", compartilhando o tesouro que ele alegava ter escondido? E que, de algum modo, ele ainda era aquele menino que guardava segredos, mas também desejava a aprovação de seu pai? Henri gostava de segredos, e era seguro mantê-los apenas nos pensamentos. Assim, sequer tentou registrar por escrito toda a experiência que tivera.

II
CAIR

6

"As sensações de medo e de empolgação podem ser iguais", reflete Henri em sua cama no Hotel Lapershoek, respirando com dificuldade por causa da dor que sente no peito. Quer a presença do pai, cujo coração o preocupa, mas talvez seu próprio coração esteja em piores condições. Que estranho! Embora seu pai tenha 93 anos, Henri sabe que ele viria rapidamente caso fosse chamado. Então, pergunta a si mesmo se será eternamente o filho pródigo que mora distante do pai, mas sente muito sua falta.

Em 1988, quando Henri sofreu um grave acidente, seu pai cruzou o Atlântico para lhe fazer companhia[34]. Henri quase morreu vítima de uma hemorragia interna após ter sido atingido pelo retrovisor lateral de uma *van* enquanto ele corria, imprudente, pelo meio-fio de uma estrada movimentada e coberta de gelo, ao norte de Toronto. *Tudo mudou*, pensou Henri à época. *Todos os planos que eu tinha deixaram de ter importância. Isso é horrível, é doloroso, mas talvez seja muito bom*[35].

---

[34] Nouwen, H. J. M. (1990). *Beyond the mirror: reflections on death and life*. Crossroad.
[35] *Ibidem*.

O acidente aconteceu porque ele estava tentando fazer coisas demais para provar-se capaz de contornar o clima de inverno e manter seus compromissos apesar das limitações físicas que enfrentava. Porém, naquela fria manhã de tempo encoberto, com o corpo estirado na calçada da rua, Henri teve a sensação de que uma mão forte o havia parado e obrigado a uma *necessária rendição*[36].

Nas horas seguintes, com vários acessos intravenosos por todo o corpo e rodeado por monitores, ficou surpreso ao constatar que aquele sentimento de desamparo não o assustava. Confrontado com a possibilidade de morrer, sentiu-se bastante seguro em sua cama de hospital, com grades em ambos os lados. *Apesar da dor terrível, tive uma sensação de segurança completamente inesperada*[37].

Enquanto se recuperava do acidente, pôde constatar que as mudanças mais profundas que vivenciara tinham sido causadas por interrupções incidentais. *Um longo período de solitude num monastério trapista interrompeu minha agitada rotina docente; o confronto com a pobreza na América Latina interrompeu a vida bastante confortável que eu levava na América do Norte; um chamado para que eu me mudasse para uma comunidade de pessoas com deficiência mental interrompeu minha carreira acadêmica*[38]. Tais interrupções foram deliberadas. Afinal, como Henri gostava de dizer, ele era holandês, ou seja, alguém que tem temperamento impaciente e neces-

---
36 *Ibidem* (p. 31).
37 *Ibidem* (p. 39).
38 *Ibidem* (p. 15-16).

sidade de controlar as situações[39]. Henri planejou meticulosamente essas importantes rupturas. Houve outras por ele escolhidas de modo espontâneo, como a marcha de Martin Luther King Jr. em 1965, que o levou a interromper os estudos de psicologia na Clínica Menninger, no Kansas, Estados Unidos[40].

O que lhe provocou maior desorientação foram outras interrupções inesperadas, tais como a repentina morte de sua mãe e o término de uma sólida amizade, o que fez desmoronar seu senso de segurança emocional e o obrigou a passar alguns meses se recuperando em retiros terapêuticos.

Por mais estranho que possa parecer, o acidente que quase o matara em 1988 tinha sido menos traumático do que o período de restabelecimento que o sucedeu. Antes da cirurgia, ele decidira fazer as pazes com a própria vida e também com a morte iminente. Convencido de que findava seus dias em meio a uma atmosfera de reconciliação e boa-vontade, a recuperação acabou sendo um anticlímax, ou mesmo um período de depressão, visto que Henri acabou retomando vários relacionamentos complicados que tivera antes.

---

[39] Segundo a visão estereotipada que se tem dos holandeses, eles são pessoas meticulosas e organizadas. Ao descrever a si mesmo no livro *Beyond the Mirror* (p. 39), Henri afirma: "Conhecendo minha índole impaciente e minha necessidade de manter o controle...".

[40] Mais sobre isso no capítulo 10 desta obra. • Cf. tb. Nouwen, H. J. M. (1998). We Shall Overcome: A Pilgrimage to Selma, 1965. *In*: Dear, J. (ed.) (1998). *The Road to Peace: Writings on Peace and Justice*. (p. 75-95). Orbis Books.

Agora, em 1996, em compasso de espera em seu quarto de hotel, Henri não se sente à beira da morte. De certo modo, está aliviado por essa interrupção em sua viagem. Trata-se de uma parada na Holanda, uma pausa em seu caminho rumo à Rússia, onde estão previstas as filmagens de um depoimento seu acerca de uma pintura de Rembrandt intitulada *A volta do filho pródigo*. O quadro original é enorme[41], pelo menos uma vez e meia mais alto do que Henri, e também muito largo, características essas que darão ao documentário um expressivo pano de fundo, pois, no filme, Henri descreve a primeira vez que viu essa pintura, mais de uma década antes das filmagens. Segundo seu relato, ele ficou contemplando a tela por tanto tempo que um funcionário do Museu Hermitage, em São Petersburgo, onde a obra estava exposta, acabou lhe oferecendo uma cadeira especial.

Para esse documentário, Henri planeja explicar a dinâmica dessa pintura, reiterando de modo vibrante vários dos aspectos destacados em seu livro *A volta do filho pródigo*. Ele está ansioso para rever o quadro, mas apavorado com a perspectiva de ter de viajar. Sente-se exaurido. Não conseguiu descansar desde que chegou à sua comunidade, duas semanas antes, após um agitado ano sabático. De fato, o sabático fora idealizado como um período de descanso e escrita; em vez disso, acabou sendo um ano cheio de viagens intensas, novas amizades e problemas emocionais. Ele não se considera pronto para

---

[41] Em *A volta do filho pródigo: a história de um retorno para casa* (Paulinas, 1997), Henri descreve o quadro e também a cadeira que lhe foi emprestada a fim de que pudesse contemplá-lo.

viajar dentro de tão poucos dias. Talvez esta interrupção lhe faça bem.

Neste exato momento, a dor em seu peito é bastante forte, e Henri não nega que está tomado pelo medo. Tenta ressignificar essa sensação nauseante, interpretando-a como uma empolgação ou um desejo; mas, agora que a dor no peito o preocupa, ele não consegue atinar o que exatamente se pode desejar numa circunstância como esta. Tão somente pisar no chão com segurança, talvez? Então, faz desse pensamento uma prece curta. Como muitas vezes pregou, orar significa estar plenamente presente onde quer que seja. O que Henri almeja é colocar todas as outras coisas fora do alcance de seu pensamento e estar plenamente presente, como um trapezista em seu voo. Ele deixa de pensar na viagem à Rússia, então interrompida, afastando de sua mente...

Porém, ele se dá conta de que, na verdade, não quer experimentar plena presença neste momento de insegurança. Lembrando-se do que ocorreu logo após seu encontro com os Flying Rodleighs, o que de fato anseia é estar plenamente presente num tempo que, em todos os sentidos, difere do atual. Assim, permite que sua mente o transporte de volta para 1991, para o dia em que assistiu pela primeira vez a um ensaio dos Rodleighs.

"Estou aqui para escrever, não para ficar indo ao circo!", eu dizia a mim mesmo. "Viajei do Canadá para cá a fim de encontrar um tempo sossegado para ler, refletir e escrever sobre a vida no Espírito. Pretendia estar sozinho, livre de distrações e de interrupções, e aqui estou, aceitando o convite para assistir ao ensaio de um grupo de trapezistas!" [42]

Na manhã seguinte, sentado à minha escrivaninha, eu olhava o tempo todo para o relógio[43]*. Não conseguia me concentrar em minha escrita. A única coisa em que eu conseguia pensar é que voltaria a encontrar os Flying Rodleighs no ensaio do grupo logo mais, às onze horas. "Como será esse reencontro? Eles se mostrarão simpáticos comigo?" Eu tinha absoluta consciência de que os considerava um grupo de estrelas inatingíveis. A criança em estado de admiração que havia dentro de mim estava tão impressionada com o convite deles para assistir ao ensaio que tudo o mais me pareceu ter menos importância.*

Peguei o bonde às dez e meia e, um pouco antes das onze, entrei novamente na grande tenda. Que diferença enorme em relação à noite de ontem! Na plateia, nada além de assentos vazios.

Rodleigh estava ansioso para treinar um número diferente que planejara para esta manhã, no qual voaria e seria apanhado no ar três vezes antes de retornar ao

---

[42] Nouwen, H. J. M. Chapter I (p. 25) (Nouwen Archives).

[43] Salvo indicação em contrário, as citações que Nouwen faz a partir daqui, bem como os demais detalhes descritos neste capítulo, constam em seu manuscrito inédito sob o título Chapter II (Nouwen Archives).

pedestal[44]. Ele sabia que haveria inúmeras quedas neste primeiro ensaio. Cada uma das tentativas seria gravada em vídeo, de modo que os demais membros da trupe pudessem analisar eventuais erros e aprimorassem o número. A sincronização era complicada e exigia precisão, mas a nova sequência era empolgante, e Rodleigh gostava de novos desafios. Ele não teria ficado surpreso se Henri não tivesse aparecido para assistir ao ensaio, mas às onze Henri já perambulava impaciente por ali, à espera de que algo acontecesse.

Fiquei esperando os Flying Rodleighs aparecerem. Às onze horas, Rodleigh entrou na tenda; ao me ver, caminhou em minha direção e disse: "Bom dia". Apontando para um dos bancos ao redor do picadeiro, completou: "Por que não se senta ali? Karlene virá falar com você daqui a pouquinho e lhe explicará o que você quiser saber".

O jeito objetivo de Rodleigh me deixou à vontade. Ele vestia um collant *preto e uma camiseta. Logo depois que Sacha e seus cavalos deixaram o picadeiro, os dois outros homens da trupe entraram e começaram a ajudar Rodleigh na instalação da rede. Nesse momento, avistei Karlene, sua filha e a outra mulher; as três mais pareciam funcionárias da manutenção do que artistas.*

Karlene se aproximou de mim.

– Como vai? – perguntou.

– Estou ótimo! Feliz em estar aqui – respondi. Notei que ela carregava uma pequena câmera de vídeo e, um

---

44 Stevens, R. What a friend we had in Henri (p. 4) (Nouwen Archives).

tanto surpreso com esse aspecto tecnológico dos ensaios, continuei: — Parece que você vai gravar um filme.

Nesse meio-tempo, a rede já tinha sido instalada, e todos, com exceção de Karlene, ocupavam seus lugares no alto da tenda.

— Pode me dizer quem é quem? — eu lhe pedi.

— Claro! Com prazer. Bem, você já conhece Rodleigh, meu irmão, ali em pé no pedestal. Foi ele quem fundou o grupo. Ao lado, está a esposa dele, Jennie. E aquele ali, na barra central, é Jon, que veio de Detroit. Jon se juntou ao nosso grupo faz alguns anos. E à direita, sentado na barra, está Joe. Ele é da África do Sul, assim como Rodleigh, Jennie e eu.

A pequena Kail saiu detrás das arquibancadas e examinou o homem estranho e alto que conversava com sua mãe. Ao longo de seus 4 anos de idade, Kail já havia feito amizade com vários adultos. Este aqui parecia promissor. As mãos dele se movimentavam agitadas, e seus olhos eram grandes e graciosos. A menina, que acabara de criar um bolo usando um punhado de serragem, parou bem diante do homem, de modo que ele não a pudesse ignorar, e anunciou em alto e bom som:

— Estou fazendo um bolo de aniversário, e você vai ter que fingir que ele é saboroso. Venha ver!

Henri pareceu surpreso, mas obedeceu ao comando, seguindo-a até a pilha de serragem sobre a qual ela colocara dois gravetos que serviam de velas em seu bolo.

— Agora, você vai fingir que tem um garfo na mão, e que vai comer — disse Kail.

— Ok. — Depois de seguir as instruções da garotinha, Henri comentou: — Está delicioso! Você sabe mesmo fazer um ótimo bolo!

Kail deu um largo sorriso, mas Henri lhe pareceu demasiadamente sincero. Talvez ele tenha ficado confuso e estivesse mesmo prestes a comer o bolo. Então, ela esclareceu:

— Você sabe que estamos só fingindo, não é?

Quando interrompi minha brincadeira com Kail e olhei para cima, vi Jennie caindo na rede. Naquele momento, ela usava um cinturão com cordas compridas presas a roldanas localizadas no alto da tenda. Rodleigh estava agora no chão, segurando as cordas. Ela havia cometido um erro durante uma sequência nova de movimentos, e Rodleigh puxara as cordas para impedir sua queda. Ele caminhou até Karlene e reproduziu o vídeo para ver o que tinha saído errado. Em seguida, pediu a Jennie que tentasse novamente.

Karlene me disse:

— Estamos ensaiando novos movimentos. Sempre leva um tempão para aprender algo diferente. Mas Rodleigh quer melhorar o nosso número. Ao dominar completamente a técnica, alguns artistas nunca mais fazem alterações em seus espetáculos. Mas Rodleigh está sempre tentando coisas novas.

— Há quanto tempo você trabalha com isso? — indaguei.

— Ah, sou bem novata. Juntei-me a Rodleigh há pouco mais de um ano. Antes, eu morava no Havaí com Kail. Um dia, ele me telefonou e disse: "Você não quer vir pra cá? Eu te ensino os movimentos do trapézio". Havia alguns anos que eu vinha trabalhando como professora de ginástica para crianças pequenas; estava disposta a encarar mudanças. Bem, peguei então o voo para a Alemanha, e, sem delongas, Rodleigh me iniciou nos conceitos básicos do trapézio no centro de treinamento dos alojamentos de inverno de Eisenbeck. Em nossa adolescência, já tínhamos feito muitas coisas juntos, mas nada parecido com isso. No começo, eu sentia um medo enorme, mas aprendi rápido. Alguns meses depois, Rodleigh me colocou no número do trapézio, e quando Dickie, o outro trapezista do grupo, deixou a trupe, precisei assumir o lugar dele. De todo modo, é tudo muito novo para mim.

— Meu Deus, você aprendeu num tempo muito curto todos aqueles movimentos que fez ontem à noite! — comentei sem esconder meu espanto.

— Sim. Eu já tinha passado dos 30 anos quando entrei no mundo do trapézio, mas Rodleigh me disse que eu conseguiria e continuou me incentivando. Bem, eu gosto deste trabalho, mesmo que, depois de uma queda como a de ontem à noite, me dê vontade de desistir.

Enquanto Rodleigh, Jon, Joe e Jennie ensaiavam e Karlene filmava os diversos movimentos feitos por eles, eu tinha meu primeiro contato com a vida daqueles artistas fora da ribalta. Durante um breve intervalo, Rodleigh disse sorrindo: "Este período de dez minutos no ar exige muito trabalho. Espero que você esteja percebendo isso". Acreditei nele, mas tudo ainda me parecia muito novo, então eu não sabia se estava compreendendo exatamente o que ele queria dizer. *Entendi que um número de trapézio bem executado exige muitos ensaios, mas Rodleigh estava insinuando que havia muitas coisas acontecendo nos bastidores, muito mais do que eu era capaz de enxergar.*

De repente, comecei a sentir um enorme anseio de saber tudo, e não apenas o básico. As perguntas se atropelavam em minha mente: "Quem são estas pessoas de fato? O que as motiva a criar todos estes movimentos? O que foi que reuniu os membros deste grupo? Como é a convivência deles nessa dinâmica de deslocamento de uma cidade alemã a outra?"

7

A respiração de Henri fica mais acelerada à medida que ele revive o entusiasmo experimentado no encontro com os Rodleighs – o desassossego, a sensação de estar prestes a fazer uma nova descoberta, a grande emoção por conhecer aqueles artistas notáveis –, sua paixão adolescente... Ah, como aqueles dias foram vibrantes!

Atento, Dennie observa Henri, cuja respiração se mostra cada vez mais rápida. Além da dor, é provável que Henri sinta medo. Dennie pousa a mão suavemente sobre o braço dele para acalmá-lo: "Não se preocupe. Estamos cuidando de você. Respire comigo. Isso vai ajudá-lo a se sentir melhor".

Henri tenta manter o foco e respirar devagar, no mesmo ritmo que Dennie. "Inspire, dois, três; expire, dois, três. Lentamente. Inspire, dois, três; expire, dois, três."

Após algumas respirações, ele se sente mais conectado a Dennie. O carinho e a gentileza do paramédico o agradam e o deixam curioso sobre como e quando Dennie decidiu ser enfermeiro. Mas o esforço exigido para perguntar isso lhe parece excessivo.

"Assim está melhor", Dennie o encoraja. "Agora, vou colocá-lo no oxigênio. Quero que você tire seus óculos e coloque esta máscara."

Henri fecha os olhos e lembra-se dos primeiros dias em que esteve com os Flying Rodleighs, uma época na qual "abrir uma janela" lhe parecia uma metáfora simples, descomplicada.

.. • ● •..

Será que este número de trapézio é uma daquelas janelas da vida que, uma vez aberta, revela um cenário totalmente novo e fascinante?[45]*, Henri se perguntava enquanto assistia aos ensaios naquela manhã.*

Além disso, eu me questionava sobre as escolhas que os integrantes do grupo já haviam feito na vida.

"Se Rodleigh era um técnico de emergência médica; Jennie, enfermeira; e Karlene, instrutora de atletismo, o que os levou a largar seus empregos e país de origem para se tornarem trapezistas num circo? E qual foi a motivação no caso dos portôs Joe e Jon?" De fato, eu não sabia nada sobre eles e senti um desejo enorme de conhecer mais sobre seus motivos, suas estratégias e os locais por onde estiveram.

Será que era mera curiosidade minha? Estaria eu me intrometendo na vida de um grupo de estranhos? Eu não tinha respostas para essas perguntas, mas me dei conta de que quanto mais os observava, mais queria observar; quanto mais eu aprendia sobre eles, mais queria apren-

---

[45] Salvo indicação em contrário, as citações que Henri faz a partir daqui, bem como os demais detalhes descritos neste capítulo, constam em seu manuscrito inédito sob o título Chapter II (p. 8-10) (Nouwen Archives).

der. Eu confiava que aquilo tudo ia muito além de mera curiosidade. Afinal, assistir ao espetáculo daquelas cinco pessoas se movimentando em pleno ar era como ver um quadro vivo sendo pintado por grandes artistas.

Antes de meu encontro com a trupe, eu havia passado dias, anos analisando a vida de Rembrandt van Rijn e de Vincent van Gogh. Ficar apenas observando seus desenhos e quadros não me satisfazia. Eu queria saber quem eram aqueles homens que haviam criado obras admiradas diariamente por milhares de pessoas. Acaso esses dez minutos de balé aéreo não se parecem com um quadro pintado por cinco pessoas, uma pintura que, todas as tardes e noites, mantém boquiabertas milhares de pessoas, jovens ou idosas?

Ninguém estranhou o interesse que a vida pessoal de Rembrandt e a de van Gogh um dia me despertaram. E só pude recorrer aos livros para atender a esse interesse. Não há como conversar com livros. Agora, porém, há cinco pessoas traçando desenhos em pleno ar – linhas coloridas, graciosas e muito harmônicas –, ao mesmo tempo que inspiram o coração de tanta gente! Será mesmo mera curiosidade querer descobrir o que existe por trás deste quadro perfeito? Não será este um desejo de conhecer o segredo por trás da beleza e da verdade da vida humana?

O grupo termina seu ensaio[46]. Rodleigh e os outros homens enrolam a rede, dão um aceno de despedida a Henri e o observam enquanto ele, apressado, deixa o cir-

---

46 Com exceção das palavras de Henri, o relato apresentado no restante deste capítulo foi coletado em "What a friend we had in Henri" (Stevens, p. 4-6) (Nouwen Archives).

co: certamente está atrasado para seu almoço. Rodleigh imaginou que, naquele instante, dezenas de pensamentos estivessem povoando a mente de Henri, e deu uma risadinha discreta quando este, sem se dar conta, quase tropeçou num fio. Aliviado por não precisar mais responder às perguntas de Henri, ao menos não naquele dia, Rodleigh balançou a cabeça e sorriu ao retornar ao seu *trailer*.

Quando peguei o bonde de volta para o convento franciscano, já não me perguntava mais sobre minhas motivações. Estava convencido de que meu encontro com aqueles cinco artistas tinha aberto uma nova janela em minha vida, e que seria muito triste se eu não pudesse examinar aquela descoberta com bastante calma, dedicando a ela toda a minha atenção.

Ali mesmo, no bonde, decidi comparecer a todos os ensaios, todos os espetáculos e todas as ocasiões nas quais o grupo se reunisse para avaliar o próprio desempenho. Enquanto os Flying Rodleighs estivessem na cidade, eu estaria junto deles, certo de que tudo que observasse valeria meu tempo e minha dedicação.

Durante o almoço no convento, não comentei minha decisão com ninguém. Afinal de contas, os Flying Rodleighs não eram tão "aceitáveis" como Rembrandt ou Van Gogh, e eu tampouco sentia necessidade de provar a alguém que eles valiam o tempo e a energia que lhes dedicava. Após a refeição, fui para meu quarto e caí em sono profundo. Sabia que havia encontrado um tesouro num campo. O que eu precisava agora era esconder esse tesouro, avaliar minhas posses e, então, comprar aquele campo! Quando despertei da minha soneca, senti-me feliz em lembrar que retornaria ao circo naquela noite!

Depois da apresentação noturna, o portô Jon Griggs me disse:

— *Parece que você gosta do nosso espetáculo!*

— *Gosto muito! E, a cada vez que o revejo, gosto ainda mais.*

Jon pareceu apreciar meu interesse e se mostrou animado para falar:

— *As pessoas raramente vêm nos ver ao fim da apresentação. Talvez não façam isso por timidez; no intervalo, elas preferem ver os animais em vez da gente! E, no fim da programação, já assistiram a tantos números que até se esqueceram do trapézio. Acho que é normal. Faz parte da vida no circo.*

Enquanto andávamos na direção dos trailers, *Jon continuou:*

— *Você quer conhecer onde fico?*

— *Claro! – respondi. Ao entrar, reparei como o* trailer *era pequeno. Havia uma enorme foto colorida que estampava Rodleigh, Jennie, Karlene, Joe e Jon em seus figurinos de trapezistas. – Que foto bonita! – comentei.*

— *Sim, somos nós – falou ele orgulhoso.*

Era impressionante como a conversa com Jon fluía. Não havia nenhum distanciamento, nenhuma afetação, nenhuma hesitação. Ele era muito tranquilo e seguro de si.

— *Que tal almoçarmos juntos um dia desses? – convidei. – Assim podemos conversar mais.*

— *Sim, seria ótimo! Deixe-me ver... Que tal no sábado ao meio-dia? Neste dia não teremos ensaios, só vou precisar estar aqui um pouco antes do espetáculo da tarde.*
— *Por mim, está bem. Venho buscar você às onze e meia, pode ser?* — *Meu convite parece ter agradado Jon, e eu me sentia animado com a oportunidade de poder lhe fazer várias perguntas sobre o trapézio e sobre como ele aprendeu essa arte.*

Dali a alguns dias, Jennie e Rodleigh convidaram Henri para um almoço, e Henri decidiu presenteá-los com alguns livros de sua autoria. Mostrando-se bastante gratos pelos presentes, o casal os colocou na estante. Logo após a exibição da matinê, Rodleigh reparou que Henri, na coxia, estava todo sorridente e parecia ansioso para comemorar o sucesso daquele número, como se ele mesmo tivesse participado da *performance*. Mais tarde, folheando os livros, Rodleigh descobriu, atônito, que o homem engraçado e desengonçado — que sempre dava a impressão de que se perderia ao voltar para casa — havia sido professor de teologia e de psicologia em algumas das mais renomadas universidades dos Estados Unidos.

Agora, Rodleigh se via diante da mesma pergunta que Henri fazia a si próprio: "De onde vem este enorme interesse de Henri pelo trapézio?"

8

Henri sempre foi fascinado por artistas. Beleza, disciplina, técnica – todos os tipos de iniciativa artística o encantavam. Achava emocionante até mesmo o modo dramático com que Rodleigh terminava cada apresentação do grupo.

Bem no finzinho, eles se deixaram cair lá do alto, na rede. Quando Rod, o último deles, mergulha na rede – que funciona como um trampolim – seu corpo é ricocheteado a uma altura tal que ele consegue se agarrar novamente à barra do trapézio. As pessoas não esperam por isso. Assim, quando acham que o corpo dele está rente ao chão, logo o veem lá em cima de novo[47].

O talento artístico e aquele tipo de conexão entre trapezistas e plateia atraíam Henri de um modo especial. Ele se lembra de uma noite na Holanda, em meados dos anos 1980: estava na casa de seu pai quando foi cativado pela energia artística que notou em dois espetáculos bastante distintos transmitidos ao mesmo tempo em canais de televisão diferentes.

Um dos canais transmitia um show *de rock com Tina Turner e David Bowie, em Birmingham, durante o qual*

---
[47] Nouwen, H. J. M. The Flying Rodleighs – The Circus (p. 29) (Nouwen Archives).

eram exibidas imagens da Inglaterra. No outro canal, via--se a transmissão de um concerto apresentado na Igreja de São Pedro, em Leiden, na Holanda. Nesse concerto, era executada a Paixão de São Mateus, *de Bach. Fiquei alternando de um canal a outro, pois senti uma estranha atração pelos dois eventos.*

Tina Turner e David Bowie cantavam diante de uma enorme multidão de jovens que agitava os braços. A letra dizia "It's only love [É só amor]", ou algo parecido[48]*. Enquanto isso, os dois artistas movimentavam o corpo de um modo tão ousado que a plateia ia aos poucos entrando num estado de êxtase coletivo: um mar de corpos em movimento, mãos erguidas, olhos cerrados em total rendição ao ritmo sensual da canção. No palco, Tina e David se emaranhavam num abraço enquanto empunhavam seus microfones e interpretavam a canção a plenos pulmões. O vestido de Tina e os movimentos de seu corpo deixavam no ar um evidente clima de sensualidade; o modo dramático como ela fitava os olhos de Bowie, que tinha o rosto perfeitamente barbeado, levava a plateia a um verdadeiro frenesi. Enquanto ambos elevavam o clima de provocação aproximando os lábios ao ponto de ficarem prestes a se tocar, a multidão se fundia numa única e enorme massa anônima atordoada por aquelas sensações intensas.*

---

[48] Registro datado de 6 de março de 1986 e presente nos diários inéditos de Henri (Nouwen Archives). Aqui, ele simplifica sua descrição, comentando apenas a apresentação de Tina Turner e David Bowie, embora uma gravação em vídeo do *show* de Tina em Birmingham, em 1985, disponível no YouTube, mostre Bryan Adams cantando "It's Only Love" ao lado da cantora. Em seguida, Tina e Bowie, juntos, interpretam "Tonight".

Ao mudar de canal, ouvi a voz do evangelista cantando a paixão de Cristo. Jesus estava em pé e em silêncio diante de Pilatos, e a multidão gritava: "Solte Barrabás, crucifique Jesus!" O coro entoava os lindos corais de Bach que nos fazem meditar sobre o divino amor de nosso Salvador. Pensei então: "É só amor" e senti que uma profunda tristeza tomava conta de mim. Os coralistas tinham todos mais de 40 anos, usavam ternos e vestidos pretos, camisas brancas e gravatas. Mantendo uma severa expressão facial e corpos imóveis, eles entoavam as sagradas palavras de Jesus. O regente era o único que se permitia balançar o corpo, embalado pelas melodias de Bach. Em nenhum momento, as câmeras de TV exibiam cenas da plateia. Volta e meia, elas centravam o foco na magnífica arquitetura da igreja, demorando-se alguns instantes na suave luz amarela dos candelabros ornamentados.

Voltei a sintonizar no canal que transmitia o show de Tina e David. Ela havia retornado ao palco para interpretar mais uma canção com Bowie. Usava agora um vestido diferente. Dirigiu-se a seus fãs, em meio a aplausos:

— Oi, pessoal, me desculpem por ter feito vocês esperarem. Precisei me preparar para ficar bonita para vocês novamente... Estão prontos para a próxima música?

— Siiim! — urraram milhares de vozes.

Enquanto o baterista, musculoso e de peito nu, anunciava os primeiros compassos da música com suas baquetas, a multidão voltava a mergulhar naquela estranha terra de ninguém, um local que reunia sonhos e desejo, braços erguidos, olhos cerrados e pés marcando o ritmo da música.

O coral de Bach agora cantava: "Descanse serenamente, Senhor. Descanse tranquilo. Sua paixão chegou ao fim. Tenha um excelente descanso, querido Salvador". Com lentidão, as câmeras recuaram para exibir a igreja pela última vez enquanto as notas finais eram entoadas. Por um instante, pairou um silêncio no ar, e o programa se encerrou.

Simultaneamente, milhares de jovens aplaudiam, gritavam e batiam os pés no momento em que Tina e Bowie, de mãos dadas, se curvavam em agradecimento à plateia, pulavam, riam e mandavam beijos ao público presente à sala de concertos de Birmingham. Os dois espetáculos terminaram ao mesmo tempo.

Sentado, Henri se apoiava em seus cotovelos, sem palavras que pudessem expressar o que sentia. Em sua condição de padre e de europeu, sentia uma grande afinidade pelo concerto de Bach, marcado por profunda beleza e espiritualidade. Porém, não restava dúvida de que a evidente energia sexual do outro espetáculo o tinha fisgado.

Permaneci ali, sentado na sala da casa de meu pai, sem compreender o que tinha acabado de assistir. Eu me sentia, ao mesmo tempo, participante e distante de ambos os eventos. Estava exausto e me perguntava qual era o sentido de assistir àquilo tudo acompanhado de meu pai.

Percebeu, então, que desejava estar no meio da multidão naquele auditório de Birmingham. Ou até mesmo estar naquele palco. A energia física demonstrada por Henri nas palestras que dava na universidade fazia dele um professor famoso, mas, no *show* de Tina Turner e

David Bowie, havia uma liberdade e uma alegria que ele mal conseguia imaginar. Qual seria a sensação de protagonizar uma *performance* que transmitisse toda aquela convicção, toda aquela entrega corporal, sem nenhuma inibição? Cinco anos mais tarde, em Freiburg, Henri e seu pai estavam novamente juntos no meio de uma plateia, e Henri de novo se sentia totalmente dominado pela potência corporal de um espetáculo. Desta vez, ele se apaixonou por um grupo de trapezistas. Não queria somente conhecê-los e compreender cada detalhe da apresentação; o jorro de energia criativa despertou nele o anseio de se tornar um artista – por meio da escrita.

9

Nos dias seguintes, continuei voltando ao circo com a maior frequência que conseguia. Eu assistia aos ensaios e ao espetáculo da tarde ou da noite, às vezes a ambos[49].

Henri sentia uma necessidade urgente de compreender tudo acerca da *performance* de trapézio, mas os detalhes lhe pareciam confusos. Rodleigh se sentava ao lado de Henri e, usando o bloco de notas deste, esboçava o *rigging*[50] da trupe. Rod explicava com toda a paciência, muitas vezes repetindo o que já havia dito no dia anterior.

Aos poucos, comecei a me sentir mais familiarizado com aquilo, pelo menos no que dizia respeito aos Rodleighs. Um dia, Rod me disse: "Espero que você não esteja pagando pelo ingresso a cada vez que vem nos assistir. Diga ao funcionário da bilheteria que você é nosso convidado. Eles lhe darão o ingresso". Fiz conforme ele orientou e, de fato, passei a entrar de graça. Àquela altura, meu rosto já era familiar entre os funcionários que recolhiam os ingressos; portanto, não precisei justificar praticamente nada.

---

49 Salvo indicação em contrário, as citações que Henri faz a partir daqui, bem como os demais detalhes descritos neste capítulo constam em seu manuscrito inédito sob o título Chapter II (p. 8-10) (Nouwen Archives).

50 Processo de montagem da estrutura necessária para o movimento dos trapezistas [N.T.].

Certa vez, após um encontro em que o grupo se dedicou à avaliação do espetáculo, tentei abordar Joe, o portô sul-africano. Enquanto Jon, o estadunidense, atuava na barra central, Joe se posicionava na barra de balanço, do lado oposto ao pedestal. A aparência musculosa de Joe, sua rude expressão facial e sua pele escura o tornavam mais parecido com um ferreiro do que com um artista do trapézio. Ele sempre me pareceu uma pessoa um pouco arredia, talvez meio tímida.

– O que você achou do espetáculo desta vez? – perguntei.

– Ah, achei que foi bom. Rodleigh se adiantou um pouquinho, por isso precisei ajustar um pouco meu movimento para apanhá-lo, mas deu tudo certo.

Percebi então que não havia compreendido bem o significado de "adiantar-se" ou "atrasar-se", mas ficou claro que aquilo era uma questão bastante importante para o portô. Não era fácil compreender a fala de Joe. Ele gagueja demais e não é muito fã de papear. Porém, quando o abordei, ele se mostrou bastante disposto a conversar.

– Você gosta do seu trabalho? – eu quis saber.

Sorrindo, ele me respondeu de maneira enfática:

– Adoro! Adoro ser portô e poder apanhar meus colegas no ar.

Ficou evidente que ele estava sendo verdadeiro. Tendo assistido àquele número diversas vezes, eu me dei conta do papel importantíssimo do portô.

– Você acaba se destacando menos do que os volantes, mas, sem você, pouca coisa acontece – eu disse.

De bate-pronto, ele me respondeu:

– Gosto muito disso. Toda a atenção do público fica voltada aos volantes, mas a vida deles depende do portô! Não sinto necessidade de receber todos os aplausos. Gosto do que faço e tenho que dar o meu melhor. O trabalho do portô é importante, algo que adoro fazer, mas não tenho problemas quanto a me destacar menos do que os outros.

Henri teve vontade de ficar na coxia, observando o grupo se aquecer para o espetáculo da tarde, porém, interessado em fazer mais perguntas e prosseguir com a conversa, não se conteve e acabou se posicionando próximo demais dos trapezistas enquanto eles balançavam os braços. No fim, Rodleigh lhe pediu que voltasse ao espaço do público, para sua própria segurança[51].

Naquele dia, durante os ensaios do novo número que havia criado, Rodleigh cometeu um erro e caiu na rede dianteira, chamada de *apron*. A queda de Rodleigh assustou Henri, que ficou aliviado ao constatar que o trapezista não tinha se machucado; todavia, mais tarde, sentiu-se aflito ao ver os arranhões vermelhos, e certamente doloridos, resultantes do atrito entre a rede de *nylon* e o corpo de Rodleigh.

– Por que você se arrisca tanto a ter ferimentos sérios? – Henri perguntou.

Rodleigh então lhe relatou uma série de episódios anteriores envolvendo acidentes e garantiu que todos ali contornavam tais contratempos mediante perseverança e trabalho árduo. Contudo, isso não aplacou a aflição de Henri, que saiu do circo perplexo. Em todo o trajeto

---

51 Stevens, R. What a friend we had in Henri (p. 5-6) (Nouwen Archives).

de volta para casa, pensou em como a vida dos artistas circenses era difícil e incomum.

No dia seguinte, as perguntas de Henri tinham um tom diferente:

— Por que você prefere criar um número que envolve alto risco em vez de optar por algo mais previsível e mais seguro?

Rodleigh cogitou uma postura defensiva, mas sabia que, embora a pergunta de Henri pudesse soar como crítica, na realidade ela revelava preocupação com sua segurança.

— O mundo do circo é muito competitivo, Henri. Se o diretor não estiver satisfeito com a receptividade da plateia, na próxima temporada nós seremos substituídos por outros artistas. Minha função é buscar o equilíbrio entre dificuldade e controle e montar o espetáculo de uma maneira inteligente.

Henri o ouvia com atenção, então Rodleigh prosseguiu:

— Além do mais, nós somos artistas. Somos pessoas vaidosas. Portanto, encarando isso como um desafio pessoal, tento fazer com que pareça fácil executar os truques e movimentos mais difíceis, tornando-os fluidos e graciosos. Quero que o foco da plateia esteja na beleza, não no perigo.

Na manhã de sábado, fui ao encontro de Jon em seu trailer, e pegamos o bonde rumo à região central de Freiburg. Eu me perguntava aonde poderia levá-lo para almoçar. O único lugar que me parecia silencioso o bastante para termos uma boa conversa era o Red Bears, que meu pai conhecia. Fiz então a reserva de uma mesa para meio-dia e meia. Como chegamos meia hora antes, perguntei a Jon se ele já havia visitado Münster, a magnífica catedral da cidade. Ele disse que não. Indaguei a mim mesmo se ele já tinha visitado algum lugar daquela cidade desde que o circo chegara ali.

De todas as igrejas medievais, Münster talvez seja a que mais me impressionou até hoje. A história fascinante, a localização – bem no centro da praça da cidade –, a torre grandiosa encimada por um pináculo de pedra delicadamente decorado, a atmosfera intimista em seu interior... Eu havia me apaixonado por Münster da mesma forma que me apaixonara pela cidade.

Porém, assim que cruzamos a praça e entramos na catedral, tentei comunicar a Jon as emoções que ocupavam meu coração, mas me vi totalmente paralisado.

– O que achou? – perguntei enfim.

– Eu gostei.

A despeito dessa resposta, estava claro para mim que ele se sentia como um gato que levara um balde de água fria. Na mesma hora, percebi que a igreja significava muito para mim, mas não para Jon. Ele caminhava pelo local com a esquisita sensação de estar cumprindo um dever. Eu o tinha levado até ali, mas nada naquele ambiente lhe dizia muita coisa. Os pilares com os Doze Apóstolos, o esplêndido tríptico no altar mais elevado, os bancos lindamente esculpidos reservados para o coro, a escultura de Nossa Senhora com aquele mar de velas acesas, diante das quais as pessoas oravam... Nada disso lhe dizia coisa alguma. Senti vontade de explicar o que víamos. Mas como se explica o cristianismo medieval para um trapezista de Detroit?

Minutos depois, já estávamos no Red Bears. Ainda era cedo, mas nos sentíamos mais à vontade. Fizemos o pedido – aquele deve ter sido meu almoço mais caro desde que cheguei a Freiburg. Observei ao redor, reparei nas pessoas de meia-idade e mais idosas vestidas em trajes formais, vi os garçons se aproximando para encher nossas taças, acender a vela sobre a mesa e nos oferecer guardanapos a serem colocados no colo, e me perguntei se aquele era o lugar mais confortável para pessoas do mundo do circo conversarem sobre voar e ser apanhado no ar.

Porém, assim que começamos a falar sobre o circo, aquele ambiente já não me incomodava mais. Para Jon, certamente não era incômodo nenhum.

– O que faz do circo um lugar tão incrível? – indaguei.

Depois de certo silêncio, Jon disse:

– Acho que gostamos de ver os animais fazendo coisas de que só os seres humanos realmente são capazes, e seres humanos fazendo o que só animais conseguem fazer. Os leões se sentam como se fossem humanos, e os humanos voam como pássaros. – Rimos juntos, e ele acrescentou: – O universo do circo é divertido. Ali oferecemos puro entretenimento, e todos podem aproveitar, jovens e velhos.

– O circo me deixou mesmo obcecado – comentei. – A última vez que estive em Freiburg, passei todo meu tempo

livre visitando igrejas e museus. Desta vez, foi o circo que cativou minha imaginação.
— Sim. Você virou um verdadeiro fã.

Experimentei alguma estranheza ao ser chamado de fã, mas devo admitir que a palavra me descrevia bem. Conversamos sobre várias coisas relacionadas ao circo, e Jon me contou tudo o que eu estava curioso por saber. Em nenhum momento questionou algo a meu respeito. Pode ser que não soubesse o que perguntar. Para ele, talvez eu parecesse tão estranho quanto a Catedral de Münster.

Por volta de três da tarde, estávamos de volta ao circo. O público formava uma fila diante da bilheteria, para a apresentação que começaria dali meia hora. Dava para ver que a casa ficaria cheia. Às 16h25, entrei na tenda, bem na hora em que os Flying Rodleighs adentravam o picadeiro agitando suas capas prateadas ao som da banda. Quando vi que Jon, de peito nu e usando um collant branco e um cinto dourado, subia pela escada de cordas para então pisar na barra próxima ao topo da tenda e soltar um grito agudo para animar o público, eu mal podia crer que duas horas antes estava no Red Bears almoçando ao lado daquele semideus.

A apresentação foi impecável. Quando Rodleigh, Jennie, Karlene, Joe e Jon fizeram seus últimos agradecimentos à plateia e desapareceram por trás da cortina, mais de dois mil espectadores os aplaudiram, marcando o ritmo com os pés. Naquele instante, lágrimas brotaram em meus olhos, e ali eu soube que havia me integrado àquele grupo de estranhos. De alguma maneira misteriosa, aquele aplauso estrondoso também se dirigia a mim.

10

Os olhos de Henri ainda estão fechados. Ao perceber que a respiração de seu paciente se mostra acelerada de novo, Dennie suspeita que ele ficará ansioso quando começarem a operação de remoção pela janela.

"Henri?", Dennie o chama. "Vou lhe dar alguns remédios agora; eles vão te ajudar. Aqui no soro há dois medicamentos: o Droperidol®, que serve para reduzir a ansiedade e a tensão, e o Fentanil® é uma morfina sintética para aliviar a dor. Como efeito colateral, sua pressão poderá cair, mas creio que você precisa deles. Tudo bem?"

Henri parece estar longe dali. Dennie lhe dá um leve cutucão, esperando uma resposta. Trêmulos e cansados, os olhos de Henri se abrem pouco acima da máscara de oxigênio, e então Dennie decide lhe administrar o soro com remédios.

.. • • •..

Domingo foi o último dia de apresentações do Circo Barum em Freiburg. Terminado o espetáculo da tarde, eu estava em pé junto à trupe, ouvindo a conversa cifrada deles sobre a performance, *quando a pequena Kail correu* em minha direção e disse: "Você não quer vir ao nosso trailer?" Karlene ouviu a pergunta da filha e comentou: "Ela quer muito que você conheça nossa casa. Venha nos fazer uma visitinha depois da última apresentação".

Uma hora depois, estando eu sentado ao lado de Karlene e Kail na sala de estar delas, Rodleigh bateu à porta e nos convidou para jantar. Foi naquela noite que realmente conheci Jennie, que me recebeu de modo muito carinhoso em sua pequena mesa.

"O trapézio é legal, mas minha verdadeira paixão é criar os figurinos que usamos", disse Jennie.

Enquanto ela falava, eu me dei conta de que todo o figurino que eles haviam usado naquela semana – as capas prateadas, os trajes usados no trapézio e os que vestiam ao fim dos espetáculos – eram criações de Jennie.

"Quando resolvi me casar com Rodleigh, logo me dei conta de que me tornar uma artista do trapézio faria parte do pacote", continuou ela, sorridente. "Mas o momento em que de fato me envolvi foi quando comecei a aprender a criar figurinos. Um dia, quando já formos velhos demais para nos apresentar no trapézio e tivermos voltado à África do Sul, espero empreender no ramo de design de figurinos.

Jennie não tinha nada a esconder. Espontânea, sem rodeios e muito pragmática, ela me deixou totalmente à vontade junto de sua família. Ali, tudo me parecia bastante normal e prosaico. Rodleigh e sua esposa, Jennie; a irmã dele, Karlene; e a pequena Kail: essa é a família Stevens na Alemanha. E eu era o convidado deles para o jantar. Não havia nada de especial naquela ocasião, exceto o fato de todos gostarem de acrobacias no trapézio.

No fim do jantar, Rodleigh comentou: "Se você quiser ver algo particularmente diferente, apareça hoje à noite, pois faremos a 'desmontagem'. Você vai ver como desfazemos nosso rigging enquanto os marroquinos desmontam a tenda. Quarenta e cinco minutos depois do gran finale, partiremos rumo à próxima cidade do circuito. Fique um pouco mais hoje à noite, até a nossa partida. Você vai se impressionar".

Realmente fiquei por ali. Durante o intervalo da programação noturna, Rodleigh, Joe e Jon começaram a carregar o caminhão, guardando a rede e as peças menores da estrutura do trapézio. Nesse meio-tempo, alguns dos vagões usados no transporte dos animais deixavam o local. Concluído o gran finale, uma movimentação frenética tomou conta do espaço. Todos sabiam exatamente o que fazer. Enquanto as arquibancadas eram desmontadas, os trapezistas desfaziam o rigging. Parecia uma dança coreografada, planejada de modo meticuloso, rápida e cuidadosamente executada.

Às 21h55, Rodleigh fechou a caçamba de seu caminhão e o engatou no trailer. No mesmo instante, Jon e Joe aqueceram os motores de seus caminhões. Quando me dei conta, todos estavam prontos para partir.

"Viajamos em comboio", Karlene explicou. "Rodleigh vai à frente, eu sigo logo atrás dele e, na sequência, vêm Joe e Jon. Tanto Rodleigh quanto Jon usam rádios de ondas curtas para se comunicar durante o trajeto. Eles também ficam de olho no que ocorre com o comboio ao longo da viagem. Às vezes, nós nos perdemos de vista por *causa dos semáforos ou em razão de alguma uma conversão inesperada, mas a comunicação via rádio ajuda a nos reencontrar.*

Enquanto Karlene falava, uma tristeza me abateu por eu não poder fazer parte daquele comboio. Ao longo daquela semana, os Rodleighs haviam se tornado parte da minha vida de tal maneira que a partida deles me causou profunda dor. Então, percebi como deve ser difícil para eles ter de se deslocar o tempo todo, não podendo jamais permanecer num lugar por tempo suficiente para fazer amizades duradouras.

Será que aquilo era o fim? Será que um dia eu os veria de novo?

Quando os caminhões começaram a sair em fila, fiquei ali em pé, acenando para eles à medida que deixavam para trás a área do circo.

Senti-me solitário. Olhando para cima, vi a tenda sendo lentamente trazida ao chão. Seriam necessárias mais duas horas até que o local estivesse de todo vazio, mas eu não tinha a menor vontade de esperar. De alguma forma, na ausência dos Rodleighs, aquele circo era apenas mais um, e não valia a pena ficar ali por mais tempo.

Comecei a caminhar na direção da rua para pegar um bonde de volta para casa e me senti confuso. Eu ainda não sabia ao certo se aquela nova "vocação" não passava de autoengano[52].

---

52 Nouwen, H. J. M. Chapter II (p. 21-27) (Nouwen Archives).

11

Dennie repara que, apesar da medicação, o corpo de Henri mostra que ele ainda está agitado, restabelecendo aos poucos a normalidade. Dennie percebe que é natural que Henri esteja daquele jeito: ser removido numa maca através de uma janela não é coisa rotineira. Porém, o foco de Henri não está no momento presente. Suas memórias voltaram a 1991, à sensação de solidão que lhe invadiu enquanto ele observava os Flying Rodleighs irem embora e à tristeza que sentiu por não poder fazer parte daquele comboio. Há um leve tremor em suas pernas.

E agora, outra lembrança reclama sua atenção, fazendo-o retroceder ainda mais no tempo, a uma época em que todo o seu corpo manifestava o anseio de integrar uma comunidade de pessoas comprometidas com o progresso coletivo. Após aquela experiência, ele escreveu: *Tudo começou com um desassossego, uma compulsão interna, uma inquietação poderosa, uma pergunta dolorida: "Por que você não está em Selma, no Alabama?"*[53]

---

53 O relato da viagem de Henri à cidade de Selma, de sua participação na marcha e de seu retorno a Topeka está descrito em "We Shall Overcome" (p. 75-95). As citações que ele faz a partir daqui, bem como os demais detalhes descritos neste capítulo, constam nesse mesmo texto, salvo indicação em contrário.

..● ● ●..

Em março de 1965, Henri estudava psicologia na Clínica Menninger em Topeka, no Kansas. A polícia do estado do Alabama havia recorrido ao gás lacrimogênio e à violência para deter uma marcha pacífica pelos direitos civis. Diante disso, Martin Luther King Jr. convocou líderes de igrejas e religiosos de todo o país a que fossem até a cidade de Selma para uma nova marcha. Na condição de cidadão holandês cujo visto de permanência nos Estados Unidos era temporário, Henri tinha razões de sobra para não participar daquilo. A cidade ficava a cerca de mil e trezentos quilômetros de distância de onde ele estava. Na opinião de seus amigos, aquele era um assunto local e, sendo estrangeiro, Henri não deveria se envolver. Insinuaram que, caso ele resolvesse ir, estaria servindo a seus próprios interesses em busca de aventura e adrenalina. Porém, Henri não conseguiu se livrar de seu desejo de reagir.

A marcha começou num domingo, 21 de março. Às onze da noite daquele mesmo dia, Henri se revirava insone em sua cama quando de repente se deu conta de que cometera um erro. Ficou-lhe bastante claro, então, o que deveria fazer. Por volta da meia-noite, ele guiava seu Fusca rumo à tal cidade do sul dos Estados Unidos, decidido a se juntar aos participantes da marcha. *Minha inquietação sumiu, e senti uma certeza profunda e palpável. Estava determinado a marchar.*

Cerca de mil quilômetros adiante, em Vicksburg, Mississippi, Henri parou no acostamento para dar carona a um jovem viajante de 20 anos chamado Charles. *Enquanto viajávamos noite adentro, Charles me contou como andava nefasta a vida no Mississippi.* Charles era negro, e Henri imaginou que, naquela situação, o jovem se beneficiaria do fato de ser conduzido de carro por um homem branco mais velho do que ele. Porém, Henri logo se deu conta de que um branco e um negro viajando juntos não poderiam fazer uma parada segura em lugar nenhum, fosse para abastecer o carro, para um café ou mesmo para usar o banheiro. *Senti minha inocência e minha inquestionável sensação de liberdade desaparecerem,* comentou. A inquietação que o fez aventurar-se estrada afora retornou com força total, agora transformando-se em medo. *O medo me deu novos olhos, novos ouvidos e uma nova boca.* Dezoito horas depois, Henri e Charles chegavam a Selma cansados, imundos e com a barba por fazer. Enquanto Henri seguia para o local onde se concentravam os participantes da marcha, os veículos da Guarda Nacional que ocupavam as ruas o fizeram lembrar de ter crescido numa Holanda ocupada por ocasião da Segunda Guerra.

Ao chegar, a dupla foi recebida por dois adolescentes de 12 anos que registravam informações sobre os integrantes da marcha mediante três perguntas: "Qual é o seu nome? Onde você mora? Quem podemos contatar caso algo aconteça a você?" A terceira delas, de natureza absolutamente prática, era perturbadora, embora o clima geral por ali não fosse de tensão. *Sem se importar com as circunstâncias, as pessoas comiam, davam risada, conversavam e faziam suas preces*, escreveu Henri. Sempre faminto, ele ficou particularmente impressionado com a abundância de comida que encontrou ali. *Este foi um dos mistérios daquela marcha: milhares de pessoas foram alimentadas durante aqueles cinco dias em Selma, em Montgomery, ao longo da rodovia e também nas barracas; sempre havia comida em quantidade suficiente. A primeira impressão era de que nada havia sido planejado e que tudo estava à beira de um colapso, numa confusão total, mas, de alguma maneira, acabou dando tudo certo. Percebi qual era o significado de conviver com pessoas cientes da necessidade de saber improvisar e que reagem com espontaneidade imediata.*

Henri ouvia as palavras de Martin Luther King Jr., que, da escadaria da Assembleia Legislativa de Montgomery, fazia um discurso pausado e vigoroso: "Estamos num processo de mudança". A voz de King se elevava e ganhava um tom arrebatador enquanto evocava a luta pela liberdade humana na história de seu povo e os inúmeros mártires cujos assassinatos não haviam sido em vão, pois, repetia ele, tratava-se de um processo de mudança. "Nós voltaremos para casa e continuaremos a sofrer; mas agora já sabemos disto: estamos num processo de mudança."

Pontualmente às quatro da tarde, terminou o prazo determinado por lei para que o Estado oferecesse proteção aos participantes da marcha, e o medo tomou conta do corpo de Henri mais uma vez. Dirigindo rumo ao norte, ele ofereceu uma carona a três homens negros, que, ao longo de todo o trajeto, o aconselharam a guiar sempre pelas rodovias principais, respeitar os limites de velocidade e não dirigir à noite. *Tudo o que lembro é que sentíamos medo*, escreveu Henri. *Estávamos morrendo de medo e tremíamos muito sempre que atravessávamos uma cidade. Quando um policial cruzava nosso caminho, nós nos colocávamos em alerta.*

Aquele clima de perigo onipresente, com o qual seus companheiros já tinham familiaridade, deixou o padre holandês de 33 anos em estado de choque. Porém, o que ele de fato absorveu de modo muito mais impactante foi a experiência de comunidade que teve naquela ocasião. Ávido pela chance de firmar um compromisso de amizade capaz de enfrentar violências e injustiças, Henri refletiu, poucos anos depois: *A resistência em prol da paz resulta menos do empenho de indivíduos valentes e corajosos do que do trabalho de uma comunidade de fé*[54]. Sendo padre, muitas vezes ele ouvira pessoas lhe segredarem que se sentiam inadequadas, que "não bastavam". Ele as compreendia, pois, não raro, sentia-se da mesma forma. Porém, explicava: "É claro que, sozinhos, vocês não bastam. Ninguém dentre nós se basta. A verdade é que cada um de nós compõe um corpo maior, uma comunidade. *Individualmente, até mesmo as melhores pessoas e as mais fortes logo estarão exaustas e desanimadas; porém, uma*

---

[54] Nouwen, H. J. M. (2005). *Peacework: Prayer, Resistance, Community* (p. 97). Orbis Books.

comunidade de resistência é capaz de perseverar mesmo quando seus integrantes têm momentos de fragilidade e desespero. A restauração da paz só é duradoura quando vivemos e trabalhamos juntos[55].

Henri estava em Chicago no dia 4 de abril de 1968, uma quinta-feira, quando soube do assassinato de Martin Luther King Jr. A notícia o deixou horrorizado, causando-lhe um sofrimento que só se amplificava diante da aparente indiferença da comunidade da qual fazia parte, composta por maioria branca. Cada vez mais, foi tomado por uma angústia que acabou envolvendo todo o seu corpo durante dias até que, novamente, ele tomou uma decisão repentina.

Havia um último assento disponível no voo noturno para Atlanta, e eu sabia que deveria pegar aquele avião. Nos quatro dias anteriores, o sofrimento e a tristeza, a raiva e a insanidade, as dores e as frustrações emergiram dos recantos mais escondidos de meu corpo, espalhando-se num estado doentio de desassossego, tensão e amargura. Eu vinha lutando contra isso há tempos, mas agora estava claro para mim que somente a comunidade de Luther King Jr. seria capaz de me curar. Somente num estado de anonimato em meio àquele grupo de pessoas que choravam, gritavam, marchavam e cantavam é que eu poderia me reencontrar com o homem de Selma, e ter de novo um pouco de paz.

---

55 *Ibidem*.

Ao desembarcar, na manhã do funeral de Martin Luther King Jr., Henri ficou impressionado. *Em Atlanta, tudo foi diferente. Uma estranha claridade criava um contraste com meu luto e com todas as minhas expectativas. Ninguém se vestia de preto. Somente roupas brancas e chapéus coloridos, como se todos estivessem a caminho de um enorme festival.*

Uma vez mais, Henri teve uma acolhida calorosa, com inesperada gentileza. *Minha hesitação quanto a ser ou não bem-vindo no funeral de um homem negro talvez tenha me deixado apreensivo. Mas todas as perguntas que me fizeram tinham um tom de amistosa receptividade: "Você precisa de ajuda com transporte, café da manhã ou lugar onde se hospedar?"*

Henri se deu conta de que aquele cortejo fúnebre era a última marcha de Luther King, e todos estavam cientes disso. *Porém, havia algo de estranho nesta última marcha, algo de novo. Não havia medo. Nas calçadas, nenhuma demonstração de ira, ninguém prestes a atirar pedras... Quando olhei para trás e vi aquela multidão, tive a sensação de que a marcha para a vitória não teria fim. Gente a perder de vista cantava a mesma canção repetidas vezes: "Vamos vencer, não temos medo, negros e brancos estão juntos".*

O cortejo avançou pelos jardins tranquilos do Seminário Morehouse, em cujo gramado Henri, exausto, desabou para acompanhar os discursos e as canções interpretadas no palco montado ali. Absorver tudo aquilo era demais para ele.

Sentado na grama, com inúmeras pessoas em pé, ao meu redor, eu me senti seguro e protegido. Um homem negro me deu um sorriso quando despertei de um sono profundo. Eu estava exausto, faminto, com o corpo pesado, embora tomado por uma estranha satisfação. Era ali mesmo que eu queria estar: oculto, anônimo, cercado de negros. Tinha sido uma viagem longa, sem tempo para descanso desde a noite de quinta-feira. Eu me sentia apreensivo, agitado, ansioso, triste e frustrado. Foi nesse estado que acabei desabando no gramado do Seminário de Morehouse. E ali mesmo fiquei, embalado pelo canto e pelas preces das pessoas ali presentes.

.. • ● • ..

Agora, décadas mais tarde, exaurido, imobilizado e à espera de uma maca, Henri se pergunta por que sua imaginação conectou a memória daquele convívio com os Rodleighs à lembrança dos dias extraordinários vividos, muito tempo antes, no Alabama e na Georgia. Talvez seu agitado corpo é que guarde lembranças. Talvez esteja tentando saber quais rotas em sua vida o fizeram ser tão profundamente tocado pelos Flying Rodleighs. Ele havia descoberto algo relativo a seus próprios limites; porém, percebeu, com maior intensidade, que seus mais profundos anseios por beleza e por uma comunidade tinham se manifestado num cortejo fúnebre em Atlanta, bem como entre artistas que voaram sobre sua cabeça em Freiburg.

Sabe, neste mundo em que há tantas divisões e separações e tanta violência, os Rodleighs são, de certo modo, restauradores da paz. Eles criam uma comunidade. Construoem algo de que o mundo carece com urgência. Haverá alguém que não queira fazer amizades? Alguém que não deseje pertencer a um grupo? Alguém que não aprecie o riso? Alguém que não almeje ser livre? Alguém que não precise de disciplina ou de um senso de coletividade?

Sabe, aqueles dez minutos de performance *da trupe condensam tudo isso. Eles resumem o sentido da vida e o sentido do mundo*[56].

---

56 Henri em entrevista em inglês filmada para o documentário *Angels Over the Net* (versão não editada).

12

No fim da semana em que Henri conheceu os Flying Rodleighs, esses artistas guardaram suas coisas rapidamente e, a bordo de seus veículos, um a um deixou a área do circo em Freiburg; enquanto isso, Henri acenou para eles com tristeza. Sua vontade era estar naquele comboio, pelo que ele se sentiu de coração partido. Porém, apenas cinco anos antes, o próprio Henri havia liderado um comboio de caminhões e *trailers*. Era o outono de 1986. Não se tratava de um circo itinerante, embora tivesse a ver com um evento um tanto extravagante. Depois de ter passado um ano junto de pessoas com deficiência mental numa comunidade L'Arche na França, ele agora transportava todos os seus pertences de Boston para a L'Arche Daybreak, no Canadá, acompanhado de um grupo de amigos distribuídos em vários veículos[57].

Seus colegas de Harvard estavam curiosos e também um pouco céticos. Aquele acadêmico com quem conviviam optara por viver com desconhecidos que jamais

---

57 O relato da mudança de Henri para Daybreak, no outono de 1986, foi descrito em Mosteller, S. (1997). Funeral Eulogy for Henri Nouwen. *In*: Durback, R. (ed.) (1997). *Seeds of Hope: A Henri Nouwen Reader* (p. 17-18). Image Books. • Também foi abordado em *Wounded Prophet* (Ford, p. 157-158). • Cf. ainda Bastedo, M. (2001). Henri and Daybreak: A Story of Mutual Transformation. *In*: Porter, B. (ed.). *Befriending Life* (p. 27-29).

leriam qualquer de seus livros e não se impressionavam nem um pouco com o currículo ou a biografia dele. Ninguém conseguia imaginar direito o que o ambicioso e impaciente ex-professor faria para se encaixar naquele novo grupo. Contudo, todos conheciam sua notável habilidade para construir e nutrir uma comunidade. Eles o adoravam, bem como apreciavam a vigorosa comunidade que Henri reunira ao redor de si durante os anos que viveu em Boston. Porém, esse período o havia deixado desorientado e deprimido, e a esperança deles era que essa nova e audaciosa empreitada pudesse ajudá-lo a experimentar, de forma mais concreta, a satisfação de encontrar um lar.

Enquanto dirigiam pela rua Yonge, no norte de Toronto, passando por uma decadente área de comércio, por concessionárias de carros usados e por uma incrível quantidade de confeitarias especializadas em *donuts* tipicamente canadenses, aqueles amigos se perguntavam como Henri se adaptaria àquele novo ambiente – justo Henri, que venerava a beleza, as construções históricas e a cultura.

Um a um, os carros do comboio contornaram a cerca de madeira, seguindo pela entrada de cascalho da fazenda onde ficava L'Arche Daybreak. Do lado direito, viram uma grande construção em tijolos vermelhos (outrora um convento) e, mais adiante, um celeiro pintado de verde junto a campos cultivados.

A chegada de Henri ao local não deixou de causar certo espanto. Sue Mosteller, integrante da comunidade havia tempos, já tinha acolhido muita gente em Daybreak, pessoas com ou sem deficiência mental. A maioria de seus assistentes costumava chegar usando *jeans* e carregando uma mochila às costas. Henri vinha acompanhado de um comboio de carros. O último veículo a entrar no estacionamento era um enorme caminhão de mudanças. Nas semanas seguintes, Sue testemunhou a imensa energia de Henri de criar um verdadeiro turbilhão que abalou a comunidade, até então tranquila[58].

Porém, enquanto seus amigos descarregavam dos veículos várias caixas com livros, Henri se sentia confiante de que aquela mudança fazia todo sentido. As ocasiões em que vivenciara a solidariedade de maneira quase palpável – tanto em Selma como na América Latina[59], e também na Comunidade L'Arche na França – haviam despertado nele um anseio e uma visão de mundo que o acompanhariam por décadas.

Ao chegar a Daybreak pronto para se colocar, como padre, a serviço da vida espiritual dessa comunidade, Henri ficou surpreso quando lhe pediram para dividir uma casa com pessoas que tinham deficiência mental e com os respectivos assistentes. Ainda mais chocante para ele foi descobrir que sua função seria somar-se a estes últimos.

---

58 É simplesmente inestimável a importância que Sue Mosteller passa a ter na vida de Henri a partir de então. • Cf. Earnshaw, G. (2020). *Henri Nouwen and The Return of the Prodigal Son: The Making of a Spiritual Classic* (p. 67). Paraclete Press.

59 O diário no qual Henri registrou os dias em que esteve na América Latina foi publicado sob o título *Gracias! A Latin American Journal* (Orbis Books, 1983).

Disseram-me que a missão da L'Arche consistia na "convivência" com seus principais integrantes; portanto, dei início à minha nova vida junto dos que habitavam a chamada Nova Casa. Trabalhos manuais, preparo de refeições e tarefas domésticas, nada disso fazia parte do meu universo. Até então, eu lecionara por vinte anos em universidades na Holanda e nos Estados Unidos, e, ao longo desse tempo, jamais dei muita atenção ao processo de formação de um lar, tampouco tive contato com pessoas com deficiência mental. Em meu círculo familiar e de amigos, eu já tinha a fama de ser uma pessoa em nada afeita às questões práticas do cotidiano[60].

No início de 1987, poucos meses após o início dessa nova vida, Henri teve a oportunidade de descrever sua casa para uma plateia em Harvard:

Moro numa casa acompanhado de seis pessoas que têm deficiência mental, além de quatro assistentes. Nenhum dos assistentes recebeu treinamento especializado para trabalhar com pessoas nessas condições, mas contamos com todo o apoio de médicos, psiquiatras, terapeutas comportamentais, assistentes sociais e psicoterapeutas da região. Excetuando-se os períodos em que enfrentamos alguma crise específica, vivemos juntos como uma família, sem fazer nenhuma distinção entre quem tem deficiência mental e quem não tem. Somos pessoas comuns: John, Bill, Trevor, Raymond, Adam, Rose, Steve, Jane, Naomi e Henri. Todos têm seus dons e talentos, suas dificuldades, seus pontos fortes e suas fragilidades. Fazemos nossas re-

---
60 Nouwen, H. J. M. (1997). *Adam, God's Beloved* (p. 41). Orbis Books.

feições juntos, brincamos juntos, oramos juntos e saímos a passeio juntos. Todos temos nossas predileções individuais no que diz respeito a trabalho, alimentação e filmes, e todos temos nossas próprias dificuldades de relacionamento com alguém em particular na casa, tenha essa pessoa uma deficiência mental ou não. Damos muita risada. Também choramos muito. Às vezes, fazemos as duas coisas ao mesmo tempo.

Toda manhã, quando digo: "Bom dia, Raymond", ele responde: "Ainda não acordei. Não faz o menor sentido ficar dizendo 'bom dia' a todo mundo a cada manhã".

Na véspera do Natal, Trevor embrulhou marshmallows *em papel alumínio, simbolizando paz, e os deu de presente a todos da casa; na ceia, ele subiu numa cadeira, retirou seus óculos e disse: "Senhoras e senhores, esta não é uma celebração. Isto é Natal!" Um dos homens, enquanto falava ao telefone, sentiu-se incomodado com a fumaça do cigarro de um assistente e berrou irado: "Pare de fumar! Não estou conseguindo ouvir!" E cada uma das pessoas que chegava para a ceia era recebida por Bill com a seguinte pergunta: "Ei! Como é que você faz para manter um peru em estado de suspense?" Quando o recém-chegado afirmava não saber a resposta, Bill, dando um largo sorriso, dizia: "Amanhã eu te digo"*[61].

Apesar dos momentos hilários, não foi nada fácil, nem para Henri, nem para os demais à sua volta, adaptar-se a

---

61 Nouwen, H. J. M. (1997). Adam's Story: The Peace That is Not of This World. *In*: Durback, R. (ed.). *Seeds of Hope* (p. 254-255). • Originalmente, esse conteúdo foi apresentado numa palestra proferida por Henri na Igreja Católica de São Paulo, em Harvard, Cambridge, em 10 de fevereiro de 1987.

essa nova vida. Ele se revelou muito pior do que uma pessoa "nada afeita a questões práticas". Seus companheiros se impressionavam com sua incompetência. Henri pedia ajuda para preparar chá, para fazer sanduíches e para colocar roupa na máquina de lavar. Ninguém entendia como aquele homem simpático e afetuoso sobrevivera tanto tempo com habilidades práticas tão escassas. Ele se sentia desorientado e irritadiço e só relaxava quando conseguia escapar para seu escritório a fim de escrever cartas ou responder às correspondências que recebia. Aos poucos, muito lentamente, Henri começou a desenvolver um senso de pertencimento, mediado por Bill van Buren, sócio-fundador da L'Arche Daybreak, inaugurada em 1969.

Nestes últimos meses, tornei-me amigo de um dos homens com deficiência mental que mora comigo. O nome dele é Bill. No início, ele parecia apenas estar interessado nas várias pequenas coisas que eu lhe fazia. E ele se aproveitava bastante de mim. Intuitivamente, Bill sabia que, movido pela culpa, eu tinha vontade de ajudar; assim, ele me deixava auxiliá-lo o máximo possível. Permitia que eu pagasse suas cervejas, lavasse sua louça e limpasse seu quarto, embora pudesse fazer tudo isso muito bem. Eu não me sentia nada à vontade ao lado dele.

Porém, à medida que os meses foram passando e vivenciamos juntos várias situações que envolveram alegria e de dor, algo começou a mudar. Certa manhã, Bill me deu um abraço afetuoso. Outro dia, à tarde, ele me levou para tomar uma cerveja e pagou por ela com orgulho. Também me comprou um lindo presente no meu aniversário.

Durante o jantar, apreciava sentar-se ao meu lado e, nas missas, as brincadeiras que ele fazia interrompendo minha homilia foram cedendo lugar a palavras que expressavam preocupação e profundo amor. Começamos, então, a estreitar nossos laços de amizade[62].

.. ● ● ● ..

Ao verificar o nível de oxigênio no aparelho preso ao dedo de Henri, Dennie disfarça a preocupação. Ele tenta encorajar o paciente: "As coisas estão indo bem. Os caminhões dos bombeiros já estão a caminho, devem chegar em minutos. Só temos que esperar. O remédio que eu lhe dei logo vai começar a fazer efeito, e seu corpo conseguirá relaxar".

Henri não está escutando. Neste momento, ele se lembra de Adam.

.. ● ● ● ..

Adam é a pessoa mais frágil de nossa família. É um jovem de 25 anos que não consegue falar, não consegue se vestir nem caminhar sozinho, tampouco consegue comer sem a ajuda de alguém. Ele não chora nem ri, e só de vez em quando mantém certo contato visual com os outros.

---

[62] Nouwen, H. J. M. L'Arche and the World. *In*: Dear, J. (ed.) (1998). *The Road to Peace* (p. 166-167).

Sua coluna é toda torta, e os movimentos de seus braços e pernas são bem desajeitados. Adam sofre de epilepsia e, apesar dos remédios fortes que toma, são raros os dias em que não é acometido de um surto grave. Às vezes, quando seu corpo fica subitamente rígido, ele solta um gemido agudo; em algumas situações, percebi lágrimas correrem em seu rosto[63].

Embora Henri tenha passado um tempo na L'Arche francesa, ali não trabalhou diretamente com pessoas com deficiência. Ele sentia muito receio de adentrar esse universo, que lhe era pouco familiar. Seu medo não se revelou menos intenso quando lhe pediram para acompanhar Adam.

Eu fiquei horrorizado! Simplesmente achei que não seria capaz de dar conta daquele trabalho. "E se ele cair? Como faço para lhe dar apoio para caminhar? E se eu machucá-lo, e ele nem sequer conseguir me alertar? E se ele tiver uma crise de epilepsia? E se, ao preparar seu banho, eu deixar a água quente ou fria demais? E se eu lhe causar algum ferimento? Não sei nem mesmo como ajudá-lo a se vestir! São tantas as chances de algo dar errado... Além disso, eu não o conheço. Não sou enfermeiro. Não recebi nenhum treinamento para fazer isso!" Cheguei a verbalizar algumas dessas objeções, mas a maioria delas não passou de pensamento. Contudo, a resposta era sempre clara, firme e tranquilizadora: "Você consegue. Para começar, nós vamos ajudá-lo e lhe daremos tempo suficiente até que se sinta à vontade... Você vai aprender

---
[63] Nouwen, H. J. M. Adam's Story (p. 255-256).

os procedimentos básicos do dia a dia. E você e Adam se conhecerão melhor".

Foi assim que comecei: tremendo de medo. Ainda me lembro daqueles primeiros dias. Mesmo com o auxílio dos outros assistentes, eu receava entrar no quarto de Adam e acordar aquele homem estranho. Sua respiração pesada e suas mãos inquietas me causavam um enorme constrangimento. Eu não o conhecia, não sabia o que ele esperava de mim. Eu não queria perturbá-lo, mas também não queria bancar o tolo na frente dos outros. Não queria ser motivo de chacota. Não queria que ninguém se sentisse constrangido[64].

Alguns meses depois, Henri descreveu sua rotina cotidiana para uma plateia em Harvard:

Levo cerca de uma hora e meia para despertar Adam, dar a ele seu remédio, despi-lo, carregá-lo até a banheira, dar-lhe banho, fazer sua barba, escovar seus dentes, vesti-lo, caminhar com ele até a cozinha, ajudá-lo a tomar o café da manhã, colocá-lo na cadeira de rodas e trazê-lo ao espaço onde ele passa a maior parte do dia fazendo exercícios de fisioterapia. Quando há uma crise epiléptica no meio dessa sequência de atividades, elas demoram muito mais tempo, e é comum que Adam precise voltar a dormir para recuperar a energia gasta durante o incidente[65].

Naqueles primeiros dias, Henri se considerava alguém muito diferente de Adam. Como este não conseguia falar, Henri imaginou ser impossível haver algum tipo de comu-

---

64 *Ibidem* (p. 42).
65 *Ibidem* (p. 43, 46).

nicação entre ambos; o relacionamento deles se dava no nível físico. Henri relata suas caminhadas com Adam da seguinte forma: *Eu precisava me colocar atrás dele e dar--lhe apoio com meu corpo. Havia um temor constante de que ele tropeçasse nos meus pés, caísse e se machucasse. Eu também tinha consciência de que ele poderia ter uma crise epiléptica a qualquer momento: sentado na banheira, usando o vaso sanitário, durante o café da manhã, enquanto estivesse descansando, caminhando ou sendo barbeado.*

No início, eu vivia perguntando a mim mesmo e aos outros: "Por que você me pediu para fazer isso? Por que eu concordei em fazer? O que estou fazendo aqui? Quem é esse estranho que demanda minha atenção em boa parte do tempo, dia após dia? Por que pediram a mim, o menos habilidoso desta casa, que cuidasse de Adam em vez de outra pessoa que demandasse um pouco menos?" A resposta era sempre igual: "Isso é para você conhecer Adam melhor". Aquilo para mim era um enigma. Muitas vezes, Adam me fitava e me seguia com seu olhar, mas ele não falava nem respondia a nada que eu lhe perguntasse.

Aos poucos, muito gradualmente, as coisas começaram a mudar. Até então, minha vida inteira havia sido moldada por palavras, ideias, livros e enciclopédias. Agora, minhas prioridades se tornavam outras. O que começava a ficar em primeiro plano eram Adam e o afortunado tempo que passávamos juntos, quando ele oferecia seu corpo a mim em total vulnerabilidade, quando se entregava a mim para ser despido, banhado, vestido, alimentado e transportado de um lugar a outro. Estar fisicamente próximo do corpo de Adam fez com que eu me aproximasse dele. Devagar, eu começava a conhecê-lo.

13

Enquanto Dennie atendia Henri, o motorista da ambulância apanhava a pequena mala de mão e também a bagagem do paciente. O motorista encontrou todos os remédios de Henri, mas não achou sua escova de dentes nem outros itens de higiene pessoal. Dennie se debruça sobre Henri para atrair sua atenção: "Podemos levar uma mala conosco para o hospital. Tudo o que você precisa para passar uma ou duas noites já está nesta mala de mão?" Em meio a certa confusão mental, Henri tenta se decidir. No hospital, ele não precisará de suas anotações sobre Rembrandt, nem de seu terno. A estola sacerdotal de cores vivas, originária da América Latina e que ele usa para rezar a missa, já está em sua mala, além de algumas hóstias, um pequeno cálice de vinho, uma Bíblia e seu livro de preces diárias e orações noturnas. "Sim, tudo o que preciso está aqui", ele confirma balançando um pouco a cabeça.

.. ● ● ● ..

A mente de Henri vagueia oscilando entre o trapézio dos Rodleighs e a Comunidade Daybreak. *Sempre que o*

Circo Barum e a Daybreak me vêm à mente, entendo-os como duas comunidades internacionais cuja intenção é levar alegria e paz ao mundo. As pessoas com deficiências que vivem em Daybreak e os talentosos artistas do Circo Barum têm muito mais características em comum do que poderia parecer à primeira vista[66].

Henri se pergunta por que, então, havendo se mudado para Daybreak e feito amizade com Bill e Adam naquele novo lar, teve um colapso emocional em 1987[67].

O compromisso dele com a paz e com as mudanças sociais não havia diminuído, e suas condições de vida e trabalho tinham tomado um novo rumo, algo que ele desejava desde que estivera em Selma: de uma *vida voltada à solução de problemas*, ele passava agora a uma *vida dedicada às pessoas*[68].

De fato, essa era a questão. Ele havia centrado o foco de sua vida nas pessoas, naquilo que elas pensavam a respeito dele, no modo como elas reagiam. Sendo um psicólogo qualificado, além de padre, Henri tinha consciência de suas inseguranças. O peso das expectativas que ele vinha alimentando já havia causado o esfacelamento de amizades íntimas.

---

66 Registro feito por Nouwen em 6 de maio, em seu "Circus Diary – Part I" (p. 9) (Nouwen Archives).
67 Cf. Nouwen, H. J. M. (p. 78-80). • Nouwen, H. J. M. (2021). *A voz interior do amor: uma jornada que parte da angústia rumo à liberdade.* Vozes. • Ford, M. *Wounded Prophet* (p. 168-171).
68 Henri afirma que tal transição ocorreu por meio de seu envolvimento com a L'Arche. Cf. Nouwen, H. J. M. (1997). L'Arche and the world. *In*: Dear, J. (ed.). *The road to peace* (p. 168).

O que mudou em Daybreak talvez tenha sido o fato de ele sentir que tinha apoio o bastante para finalmente arriscar essa faceta de sua personalidade de uma maneira que teria sido impossível antes. Terá sido essa nova comunidade o que lhe provocou tamanha aflição? Não. Assim como num número de trapézio, a Daybreak e os novos amigos que ela lhe trouxe proporcionaram a Henri o lugar onde ele finalmente poderia "cair". E, de modo inesperado, uma peça-chave de sua rede de segurança era Adam.

Comecei a me dar conta de que a tranquila sensação de segurança que eu experimentava na Nova Casa estava enfraquecendo muitos dos mecanismos de defesa que eu havia criado em torno de minhas deficiências interiores. Nesse novo ambiente amoroso e afetuoso, em que não há competição, no qual as pessoas não precisam se mostrar superiores e onde eu não sentia necessidade de me destacar entre os demais, vivi uma experiência até então desconhecida. Eu havia sido colocado junto de uma pessoa muito insegura, carente e frágil: eu mesmo. Olhando a partir desse ponto de vista privilegiado, percebi que, na verdade, Adam é que era a pessoa forte. Ele estava sempre por ali, silencioso, tranquilo, desfrutando um estado de serenidade interior. Adam, Rosie, Michael, John e Roy – todos eles se revelavam para mim como o núcleo sólido de nossa comunidade.

Perto do fim de 1987, percebi que estava prestes a enfrentar uma crise. Na época, eu não dormia bem e me preocupava com uma amizade que sempre me parecera inspiradora, mas que, aos poucos, havia se tornado algo sufocante. Era como se as tábuas que cobriam meu abismo emocional tivessem sido retiradas e eu estivesse diante de um fosso cheio de animais selvagens ávidos por me devorar. *Fui completamente dominado por sentimentos intensos de abandono, rejeição, carência, dependência e desespero. Ali estava eu, numa casa onde reinava a mais absoluta paz e cercado das pessoas mais serenas, ao mesmo tempo que, em meu íntimo, me sentia devastado*[69].

Além de Sue, amiga de Henri, outras pessoas estavam extremamente preocupadas. Ele mal conseguia manter a serenidade durante o dia; e, à noite, Sue podia ouvir seus lamentos de aflição ecoarem em meio ao sossego da pequena capela na casa de retiro onde ele morava. Em algumas ocasiões, ela se sentava ao lado de Henri enquanto ele se contorcia em dores.

Conversei com alguns dos membros de minha comunidade, primeiro abordando o assunto de modo indireto, mas depois falando de maneira franca e objetiva. Não demorou para que eu procurasse um psiquiatra. Todos me diziam a mesma coisa: "Chegou a hora de você encarar seus demônios. Chegou a hora de você cuidar de suas próprias feridas e de se permitir ser cuidado pelos outros".

Tal proposta exigia de mim uma atitude humilde. Eu teria que deixar a Nova Casa e a comunidade e seguir para um lugar onde pudesse viver plenamente as minhas aflições, na esperança de renovar as forças e a paz.

---

[69] Salvo indicação em contrário, esta citação e as demais feitas por Henri a partir daqui foram coletadas em "Adam's Story" (p. 78-80).

O que significava tudo aquilo? Eu não sabia. Chegara a Daybreak com a intenção de viver em comunidade e estava ali para cuidar de Adam. Agora, teria que deixar Adam aos cuidados de outros e admitir com franqueza minhas próprias deficiências.

Durante anos, Henri se emocionara com a história bíblica do batismo de Jesus, quando uma voz vinda do céu destacou o prazer que Deus sentia no Cristo, a quem identificava como seu Filho Amado. Para Henri, ali estava uma voz que ele desejara ouvir: a voz de um amor divino e irrestrito que lhe desse o apoio emocional de que tanto precisava.

Eu estava vivendo o profundo conflito humano que consiste em acreditar na própria condição de Ser Amado num momento em que não há nada de que nos orgulhar. Sim, eu deixara a universidade e todo o seu prestígio, mas aquela vida me trazia satisfação e me tornava até mesmo objeto de admiração. Sim, eu era considerado uma boa pessoa – ou mesmo nobre – porque ajudava os menos favorecidos! Porém, a última muleta sobre a qual eu vinha me apoiando foi retirada de mim, e meu desafio agora era acreditar que, embora não tivesse nada de mim mesmo para apresentar, continuava sendo o Filho Amado de Deus.

Enquanto vivia essa grande aflição emocional, eu me dei conta de que estava ficando parecido com Adam. Ele não tinha nada de que pudesse se orgulhar. Eu também não. Ele estava completamente vazio. O mesmo acontecia comigo. Ele precisava de atenção em tempo integral. Eu também precisava.

Percebi que resistia ao fato de "ficar parecido com Adam". Eu não queria ser uma pessoa tão dependente e tão frágil. Não queria admitir que sentia tamanha carência. De algum modo, porém, consegui reconhecer que o caminho de Adam, o caminho de uma vulnerabilidade radical, era exatamente o caminho de Jesus.

Durante os meses que passei distante da L'Arche Daybreak, consegui, com a ajuda de muita orientação, ouvir uma voz interior suave e delicada que me dizia: "Você é meu Filho Amado, em quem sinto prazer" [Mt 3,17]. Durante muito tempo, desconfiei dessa voz. Eu vivia dizendo a mim mesmo: "Isso é mentira. Conheço a verdade. Não há nada em mim que valha a pena amar". Porém, meus orientadores estavam lá, incentivando-me a escutar aquela voz, permitindo que ela se fortalecesse.

Henri assumiu compromisso de se submeter a seis meses de intensivo acompanhamento psicológico e espiritual longe da L'Arche Daybreak. Sue, que se encarregou de substituí-lo no trabalho pastoral na comunidade, conversava diariamente com ele ao telefone e, às vezes, o visitava. Com a ajuda da terapia, Henri começou a compreender um pouco melhor sua compulsão de intrometer-se na vida dos outros. Ele escreveu: *Quando você se percebe curioso em relação à vida das pessoas com quem convive, ou então está tomado do desejo de dominá-las de alguma maneira, isso significa que seu corpo ainda não chegou por inteiro em casa*[70].

---

70 Registro de 22 de fevereiro de 1988 presente no diário manuscrito feito por Henri entre 1987 e 1988 (Nouwen Archives). Uma seleção de trechos

Henri seguiu tateando em busca do tipo de espiritualidade que desejava expressar como escritor, sacerdote e palestrante. *Uma nova espiritualidade está nascendo dentro de você. Ela não envolve a negação do corpo, tampouco a satisfação dos desejos deste; de fato, trata-se de uma espiritualidade verdadeiramente encarnada*[71]. Porém, abrir-se para uma nova espiritualidade implica mudanças. *Você descobrirá que vários outros tipos de espiritualidade que costumava admirar, e que tentou praticar, não se ajustam mais ao chamado extraordinário que está recebendo agora*[72].

Em julho de 1988, ainda frágil, Henri retornou a Daybreak, onde recebeu novamente as boas-vindas. Passou então a viver na casa de retiros da comunidade, uma edificação que contava com quatro quartos e fora construída nos primeiros anos após a inauguração de Daybreak[73]. A pequena capela ficava no subsolo recém-reformado. Na sala de estar de Henri, os funcionários da marcenaria comunitária já haviam instalado prateleiras que ocupavam paredes inteiras, a fim de que os livros dele estivessem disponíveis para todos que eventualmente se interessassem em lê-los.

Sue e Henri compartilhariam o espaço da casa e, juntos, dedicariam atenção às necessidades espirituais da

---

desse diário foi posteriormente publicada em Nouwen, H. J. M. *A voz interior do amor*.
71 Registro de 22 de fevereiro de 1988 presente no diário manuscrito feito por Henri entre 1987 e 1988 (Nouwen Archives).
72 *Idem*.
73 Lembranças que guardo da casa de Henri na Comunidade L'Arche Daybreak.

comunidade. Henri ocupou um dos quartos menores, onde havia uma linha de telefone à sua disposição. Dividia o banheiro com pessoas que vez ou outra chegavam a Daybreak para um retiro. A nova habitação de Henri era modesta e não lhe oferecia muita privacidade, mas ali ele poderia receber amigos e membros da comunidade. Viver de modo simples lhe agradava.

14

Enquanto deixava Freiburg, em 1991, dirigindo seu caminhão no comboio dos *trailers* de circo, Rodleigh tinha em mente aquele amigo que, em apenas uma semana, tinha se tornado tão especial para ele[74]. O modo delicado e simpático com que Henri se aproximava de cada uma daquelas pessoas era algo incomum – ousado, mas franco e atencioso.

"Chegou uma carta de Henri para nós!", Rodleigh anunciou a Jennie cerca de cinco semanas mais tarde. Para eles, foi particularmente comovente ler que Henri se sentira muitíssimo bem-recebido pela trupe. "Isso não foi grande coisa de nossa parte", pensou Rodleigh. Na verdade, fazer com que Henri se sentisse à vontade não lhes exigiu grande esforço. Henri fizera de tudo para ser benquisto pelos membros do Flying Rodleighs, que de fato gostaram dele.

Alguns meses mais tarde, quando do falecimento repentino da mãe de Rodleigh e Karlene, as correspondências de Henri – que, com sua sensibilidade, oferecia importante apoio emocional – significaram muito para os integrantes da trupe que viviam o luto. Tempos depois, eles contaram a Henri a dificuldade que tiveram para se

---

[74] Stevens, R. What a friend we had in Henri (p. 6-7) (Nouwen Archives).

apresentar em público logo depois de serem comunicados daquela perda. "Vim descobrir mais tarde que minha irmã se sentia como eu, e a maneira que encontramos para contornar aquele luto foi dedicar a *performance* à nossa mãe", Rodleigh disse a Henri. "Onde quer que ela estivesse, a sensação que eu tinha era de que aquele era um momento especial, um evento especial."

No fim do verão, Henri lhes perguntou se poderia visitá-los novamente. Todos gostaram muito da ideia. Jon se ofereceu para hospedá-lo em seu novo *trailer*, e Jennie deu início aos preparativos para saciar o voraz apetite do visitante.

Depois que o Circo Barum deixou Freiburg, e após meu retorno a Toronto, cidade onde moro com a comunidade L'Arche Daybreak, mantive contato com os Flying Rodleighs por meio de cartas. Em novembro de 1991, a convite deles, voltei à Alemanha para acompanhá-los durante uma semana em sua turnê por algumas cidades do país[75].

Na estação ferroviária, Henri pegou um táxi para juntar-se ao grupo na cidade alemã de Korbach, em 11 de novembro. Sentia-se fisicamente cansado, mas seus olhos brilhavam de animação como os de uma criança numa loja de brinquedos.

– Foi maravilhoso! – foi a primeira frase dita por Henri, em êxtase, após o espetáculo da tarde, poucas horas depois de sua chegada. Ele tentou tirar um cochilo,

---

[75] Nouwen, H. J. M. Circus Diary – Part I (p. 8) (Nouwen Archives). Nesse material constam também todas as demais citações feitas por Nouwen neste capítulo, salvo indicação em contrário.

mas estava agitado demais para dormir; então jantou com Rodleigh e Jennie[76].

— Eu já tinha me esquecido do tamanho do apetite dele! — Jennie comentou rindo.

Após o jantar, embora tivesse acabado de atravessar o Atlântico, Henri também assistiu ao espetáculo noturno da trupe. Ficou especialmente feliz por ter se mantido acordado, pois Jon e Joe se desentenderam durante a reunião do grupo logo depois da apresentação. Os trapezistas se sentiram constrangidos por ter de lidar com a situação na presença de Henri, mas ele adorou estar ali. Para Henri, foi um deleite perceber que os integrantes dos Flying Rodleighs eram humanos, cometiam erros e tinham que lidar com questões relacionais, exatamente como qualquer outra pessoa.

Rodleigh percebeu que o fato de Henri ter compartilhado com o grupo daqueles momentos de intimidade e de conflito emocional, buscando solução para os problemas e comprometendo-se com uma causa comum, davam ao novo amigo a sensação de maior envolvimento. De modo quase imperceptível, Henri estava se tornando membro daquela família.

Porém, a decisão de acolher Henri também acabou se revelando uma atitude arriscada. Certo dia, todos os integrantes da trupe foram até o consulado italiano, a cerca de cem quilômetros dali, para obter vistos de trabalho. Henri decidiu ficar no novo *trailer* de Jon, assistindo a vídeos de espetáculos circenses. No momento em que

---

76 Stevens, R. What a friend we had in Henri (p. 6-7) (Nouwen Archives).

eles chegaram, Henri estava ajoelhado diante da tevê, tão absorto que se esquecera da chaleira com água que havia colocado para ferver no fogão a gás. O esmalte que revestia a chaleira ficou completamente preto. Jon não ficou alarmado, mas, à medida que foram conhecendo Henri melhor, todos se sentiram aliviados por ele não ter incendiado o *trailer*. Jennie e Rodleigh logo se deram conta de que até mesmo a simples tarefa de enxugar a louça era arriscada demais para o amigo desajeitado e sempre tão entusiasmado. Então, com muito tato, passaram a declinar a cada vez que ele oferecia alguma ajuda.

Apesar disso, adoravam ter Henri por perto. Rodleigh notou que Henri não estava apenas mergulhado em seu tema de interesse; ele o ruminava. Os trapezistas ficavam encantados ao vê-lo esparramado no sofá de Jon expondo suas ideias enquanto movimentava as mãos de modo espalhafatoso, mostrando-se muito à vontade e satisfeito naquele ambiente. O que deixava Henri particularmente intrigado era o perfeccionismo do grupo, sua total concentração, além da autoconfiança e do espírito de equipe necessários para que tudo corresse bem nos dez minutos de apresentação. Volta e meia, ele lhes perguntava como conseguiam se manter totalmente focados, como eram capazes de afastar tudo o que lhes viesse à mente durante o espetáculo, e a resposta de Rodleigh se resumia a duas palavras: disciplina e ensaios.

Em meados de novembro, Henri fez uma entrevista individual com cada membro da trupe. A última entrevista foi com Rodleigh, que mergulhou nas memórias que guardava de sua infância, família e formação religiosa, bem como de seus relacionamentos e seu progresso como artista criativo. Após três horas de entrevista, a conversa foi interrompida de modo abrupto, pois Henri precisou sair em disparada para não perder o trem. Naquela tarde, após o espetáculo, Rodleigh e Jennie notaram que um grande vazio havia tomado conta de seu *trailer*. Henri era uma pessoa excêntrica e bastante estranha, mas muito carinhosa; por isso, naquela mesma noite, já sentiam saudades dele. Em sua companhia, eles alcançaram um nível diferente de consciência em relação à própria vida, uma compreensão mais profunda de seus papéis como membros de uma comunidade, talvez porque Henri mesmo estivesse enraizado numa vida comunitária.

Ao longo daquela semana, foi crescendo em mim o desejo de escrever um livro – um romance, talvez? – sobre aquela trupe extraordinária. De bom grado, eles me deram a liberdade de entrevistá-los e de escrever sobre o grupo como eu bem entendesse. Ter convivido com os Rodleighs durante uma semana abriu meus olhos e meu coração, permitindo que eu enxergasse a arte, a comunidade e as amizades sob uma nova perspectiva.

Dias depois, já de volta ao Canadá, Henri anunciou o tema de seu livro mais recente para seus amigos Bart e Patricia Gavigan[77]. Ambos eram escritores, cineastas e diretores de uma comunidade cristã ecumênica na Inglaterra, e dedicaram grande atenção a Henri durante as

---

[77] O relato da conversa entre Henri e os Gavigans é reproduzido em "Collision and Paradox" (p. 55-56). A descrição foi ampliada com base em outras lembranças partilhadas pelo casal em dezembro de 2020.

fases inicial e final da crise que ele teve em 1987. Estavam agora em Toronto para o lançamento de seu novo filme, *Zabelka: The Reluctant Prophet* [Zabelka: o profeta relutante], evento no qual conduziram uma conferência sobre não violência. Naquela noite, Henri abriu a programação discursando para milhares de professores de escolas católicas. Ao fim, a caminho do estacionamento do edifício, no subsolo, ele mal podia conter a empolgação em lhes revelar sua nova empreitada, um projeto totalmente diferente.

– Sinto que agora estou numa encruzilhada decisiva em minha trajetória como escritor. Desta vez, quero escrever para leitores não religiosos.

Bart soltou um suspiro mostrando impaciência e revirou os olhos. Henri vinha dizendo isso há anos.

Porém, o que Henri tinha em mente desta vez era um novo tipo de projeto.

– Quero escrever sobre o trapézio circense. Acho que tenho uma ótima história, e este pode ser o livro que marcará uma transição em minha escrita. – Fez uma pausa ao perceber que tinha capturado a atenção de Bart e Patricia, e então verbalizou uma intuição ainda mais profunda. – Nunca tentei escrever um livro como esse, mas acho que pode ser o texto mais importante da minha vida. O que vocês acham?

– Vá em frente! – disseram eles. Então, recorrendo às mesmas imagens que Henri usara para descrever seu novo projeto, acrescentaram: – Tente dar um salto triplo!

III
TRABALHO DE EQUIPE

15

"Vou lhe dar os detalhes dos próximos passos", Dennie diz a Henri. "O corpo de bombeiros está enviando dois caminhões. Um deles é equipado com uma caçamba elevatória, ou seja, uma espécie de cesto aéreo preso a um guindaste; neste primeiro caminhão, que serve de unidade de apoio, estarão dois profissionais. O outro é um caminhão de bombeiros tradicional, onde haverá seis profissionais, incluindo o capitão, que vai coordenar toda a equipe. A maioria deles entrará no quarto com a maca, então haverá certa agitação por aqui; mas todo esse pessoal tem um papel bem-definido. Você poderá ver como é bom ter tanta gente à disposição."

"Espero que todas essas pessoas saibam trabalhar juntas", pensa Henri. Ele se pergunta se os profissionais têm um bom relacionamento entre si. A numerosa equipe acerca da qual Dennie se refere faz Henri lembrar de suas primeiras impressões sobre os Flying Rodleighs, impressões essas que ele registrou numa fita cassete na semana em que os conheceu.

.. • ● • ..

Karlene estava gravando aqueles vídeos com sua câmera, e eu me mantinha em pé, ao lado dela. A trupe tentava fazer algo novo, e era absolutamente fascinante ficar observando aquele número, pois, dada a extrema dificuldade, eles não estavam conseguindo executá-lo. A cada vez que repetiam a sequência, ou Rod chegava tarde demais, ou Joe chegava muito antes, ou Jon Griggs se atrasava no momento de soltar Rod, ou então ocorriam vários pequenos erros desse tipo, impedindo o êxito e a regularidade da sequência. Eles não conseguiam chegar a uma solução. Joe falhava em agarrar Rod, que caía na rede. Mas cair na rede, de lá do topo, não era um detalhe insignificante. Uma queda dessas é algo realmente perigoso; pode parecer muito tranquilo, mas a pessoa pode se machucar. Todos eles acabam ficando com dores nos ombros, tensão na nuca, esse tipo de coisa.

Porém, algo em que reparei foi que aquela turma trabalhava muito bem em equipe. Ficou visível para mim que Rod era o líder do grupo. Todos o ouviam com atenção, mostrando-se dispostos a seguir as instruções que lhes chegavam com um toque de gentileza.

Em seguida, ensaiaram alguns novos movimentos em que Rod e Jennie ficavam juntos no balanço russo, isto é, uma plataforma cuja oscilação é impulsionada por dois trapezistas a fim de que seus saltos tenham grande força de arranque. Dessa plataforma, eles decolam até o topo da tenda, onde está Jon Griggs, que os lança na direção de Joe. É simplesmente incrível.

Na sexta-feira, fui assistir aos ensaios novamente. No início, eles repetiram a mesma sequência, ainda sem êxito.

Logo depois, deu tudo certo, então treinaram o número inteiro de novo. Aquele não foi um ensaio longo, e um dos motivos para isso é que estava frio demais. Percebi então que eles demonstram grande sensibilidade quando o assunto é saúde: tão logo um dos integrantes do grupo fica doente ou não consegue executar os movimentos, eles desistem do ensaio e não trazem ninguém de fora para substituir aquela pessoa. Eles são um grupo de cinco integrantes, e todo precisam estar presentes; é necessário que todos se mantenham saudáveis e em boa forma. Além disso, para que tudo corra bem, é preciso que o clima entre eles seja bom. Anteriormente, havia no grupo um trapezista volante tão presunçoso que não se dispunha a ajudar os demais nem mesmo nas tarefas mais simples. Não é fácil quando um colega de grupo não estabelece verdadeira conexão com os outros. Esse é, portanto, mais um aspecto importante para o trabalho como um todo – o modo como atuam juntos, ensaiam juntos e assim por diante. Todos estão realmente atentos às necessidades dos colegas[78].

"A medicação intravenosa deve estar fazendo efeito", Henri percebe aliviado. Dennie havia comentado que se tratava de uma combinação de dois remédios e o havia

---

78 Nouwen, H. J. M. The Flying Rodleighs – The Circus (p. 8-10, 14-15) (Nouwen Archives).

alertado de que aquilo poderia fazer sua pressão sanguínea cair ainda mais; por isso, recomendou que não tentasse se levantar. Henri não tem a menor vontade de fazer isso. Agora, não. A sensação que tem é a de estar dentro de um ovo.

．．●●●．．

Nos meses que se seguiram à semana na qual Henri viajou pela Alemanha com os Flying Rodleighs, ocorreram dois eventos importantes em L'Arche Daybreak[79].

O primeiro foi em dezembro de 1991. Três amigos de Henri chegaram à comunidade para ajudá-lo a avaliar os cinco anos em que ele vivera ali, bem como para colaborar na avaliação de seus projetos futuros. Ao longo de alguns dias, toda a Daybreak se juntou a Henri nesse propósito. Sentadas à mesa do jantar, as pessoas contavam histórias hilárias, entediantes, comoventes, todas revelando como Henri era estimado naquele ambiente. Enquanto os visitantes ouviam os membros de Daybreak refletirem sobre a meia década que haviam partilhado com Henri, ficou clara a este a necessidade de equilibrar sua vida na comunidade com um tempo distante daquele local, a fim de que pudesse dedicar tempo à escrita.

O ponto alto desse período de avaliação foi um evento noturno que reuniu dignitários de três importantes igrejas cristãs: a Católica, a Anglicana e a Igreja Unida do

---
[79] Cf. Whitney-Brown, C. Henri at Daybreak (p. 122-125).

Canadá. Além de apresentar uma ponderada análise das contribuições de Henri e dos desafios que ele enfrentara em seus primeiros anos em Daybreak, os integrantes da comunidade entoaram canções em formato de paródia sobre ele. A letra de uma delas, por exemplo, inspirada em *The Man on the Flying Trapeze* [O homem no trapézio voador], composição de origem britânica que remete a esse ofício, fazia referência à paixão de Henri pelos Flying Rodleighs, bem como aos frequentes "voos" que ele empreendia ao redor do mundo. Embora as letras de algumas das paródias fossem bastante cáusticas, Henri não ficou magoado: "Eu não fazia ideia de que vocês me conheciam tão bem", comentou ele, admirado, logo depois do evento.

Em janeiro de 1992, os moradores de L'Arche Daybreak prepararam uma grande festa no salão de reuniões da comunidade para comemorar o sexagésimo aniversário de Henri[80]. Para a celebração, que tinha o circo como tema, foram confeccionados pôsteres de palhaços e trapezistas. Além disso, foram elaboradas paródias, histórias, discursos e outras atividades marcadas pelo *nonsense*. O auge da festa foi quando Robert Morgan, amigo de longa data tanto de Henri quanto da comunidade, o convidou para que renascesse como um bebê-palhaço.

Àquela altura, Henri já tinha sido "amolecido" pelas inúmeras e divertidas demonstrações de carinho que rece-

---

80 No acervo do centro de pesquisa Nouwen Archives, há um vídeo gravado pela comunidade no qual a festa foi registrada. O relato sobre essa celebração se baseia nesse vídeo e em minhas lembranças pessoais.

bera. Ele se sentia em casa. Sem pensar duas vezes, deixou seu assento para juntar-se a Robert no centro do grupo.

Ator, roteirista e palhaço profissional, Robert vestiu Henri de palhaço, colocando sobre suas roupas uma camisa bastante larga e brilhante, e em seu pescoço um colar extravagante e desengonçado. Sobre as calças que usava, Henri vestiu pantalonas que iam até a altura das canelas, e então Robert deu o toque final: uma touca vermelha bem ajustada, que cobria as orelhas do aniversariante. Para deleite dos convidados, a aparência daquele renomado autor e ex-professor era absolutamente ridícula. Depois de pedir que alguém segurasse seus óculos, Henri se entregou de corpo e alma à fantasia, ansioso pelo que estava por vir, mas exibindo um largo sorriso.

Robert pegou um grande saco de pano branco, decorado com tiras de um tecido chamativo, e anunciou que aquele era o ventre de uma palhaça. Então, explicou a Henri o que aconteceria em seguida.

"Agora, para recomeçar sua vida como um palhaço, você terá que voltar bem ao início de tudo. Este é o ventre de uma palhaça, do qual nascerá um palhacinho. Portanto, quero que você entre aqui. Quando estiver aqui dentro, lembre-se daquela passagem da Bíblia segundo a qual você foi tecido no ventre de sua mãe [Sl 139,13]. É isso o que vai acontecer. Você será formado a ponto de se tornar um bebê-palhaço e, em determinado momento, sentirá seu corpo se remexendo lá dentro.

"Como todos sabem, os bebês têm que nascer tão logo estejam prontos para isso. Então, quando estiver pronto, quando se sentir completamente formado, você sairá do ventre. Mas lembre-se: você nunca respirou antes, jamais experimentou uma inspiração sequer. Portanto, esta será a primeira vez que fará isso. Sentirá seu corpo pela primeira vez. Você nunca teve a sensação do ar tocando seu rosto e jamais abriu os olhos diante da luz. Ainda desconhece as próprias mãos. Você não sabe absolutamente nada sobre seu corpo. Na verdade, você não sabe nada sobre coisa alguma! Não é maravilhoso ter 60 anos de idade?"

Estando Henri dentro do ventre de pano, Robert o arrastou até o centro do salão, deixando-o ali. Ansiosos, todos observavam.

Por alguns minutos, nada aconteceu. De repente, o saco de pano começou a se remexer, rolando para um lado e para outro algumas vezes. Então se retorceu, expandindo e contraindo. Por fim, de uma abertura no saco de pano emergiu... um pé! Em seguida, um tornozelo peludo e depois a bainha da pantalona na altura do joelho! Uma sonora gargalhada irrompeu pelo salão e, tímida, a perna entrou novamente no ventre.

Minutos mais tarde, a perna ressurgiu, lentamente, seguida pela outra. As duas balançavam nuas no ar, esticando os dedos dos pés, explorando o espaço.

O saco rolou pelo chão novamente, e logo o rosto de Henri veio à tona, com olhos arregalados de curiosidade. Tendo apenas os pés e a cabeça fora do saco, rolou até apoiar-se nas próprias costas e então estendeu os braços para alcançar os dedos dos pés, exatamente como um bebê. Tentou colocá-los na boca.

O bebê-palhaço se sentou e olhou ao redor, piscando no típico estado de confusão de um recém-nascido.

Devagar, com a ajuda de alguns de seus amigos, sobretudo aqueles com deficiência mental, e de várias crianças conduzidas por Robert, Henri se levantou com cuidado e se pôs a descobrir como seus braços funcionavam. Imitando Robert, reconheceu a própria voz, emitindo a princípio vogais simples e depois algumas sílabas, enquanto a plateia caía na risada. Com um dos braços em volta do ombro de Henri, Robert desviou-lhe a atenção do próprio corpo, apresentando-o ao grupo que os rodeava: "Esta é a sua família. Eles amam você, Henri, e você logo descobrirá que sente o mesmo por eles".

Para terminar a encenação, Robert interpretou a canção *Forever Young* [Jovem para sempre], de Bob Dylan. Todos que conheciam a letra cantaram juntos: "Que você sempre possa servir aos outros e permita que os outros lhe sirvam. Que você construa uma escada até as estrelas e suba por ela degrau a degrau…"

16

Sim, Henri recorda que naquele ano ele ficou muito mais jovem – o ano em que completou 60 anos. Foi quando redescobriu o próprio corpo, permitindo que este renascesse do ventre de uma palhaça, cercado por sua comunidade amorosa e solidária. Entregou-se por completo àquele momento, aberto às transformações. Ao conhecer os Flying Rodleighs, na primavera anterior, ele se sentiu como um adolescente apaixonado. Aqueles artistas lhe proporcionaram um novo modo de imaginar qual seria o significado de "subir a escada degrau a degrau". Tratava-se de uma escada inusitada, que conduzia a uma nova plataforma, mas ele achava arriscado. Afinal, a cada vez que os Rodleighs subiam ao topo do circo, sabiam que poderiam cair. Henri não conseguia deixar de pensar em seus amigos.

Sua reação à *performance* dos Rodleighs se manifestara de modo muito intenso em seu corpo; em contrapartida, os livros que já havia publicado tinham como tema escolhas e movimentos relativos à vida espiritual. Henri não sabia como traduzir em palavras aquela experiência no circo. Na verdade, sentiu o que chamou de *certa resistência interna*. Assim, decidiu ir à Inglaterra para participar de uma oficina de escrita de roteiros conduzida por Bart e Patricia Gavigan.

"O que é risco?" Essa foi a questão central da oficina conduzida pelo casal Gavigan em fevereiro de 1992 – uma pergunta que fisgou a imaginação de Henri. "*O que é risco?*", registrou ele em seu caderno[81], pensando no livro que escreveria sobre os Flying Rodleighs. Então, deu início a uma lista cuja primeira palavra era *tempo*. A palavra seguinte foi *segurança*, mas ele também anotou a frase: "*enigma: totalmente confiante, mas sem saber por quê*". Era como "*viajar sem destino a um lugar para o qual nosso próprio mapa pessoal não pode nos levar*". Henri percebeu que tateava à procura de um caminho que o conduzisse para além da zona de conforto, perguntando-se como poderia explicar a experiência que tivera com os Flying Rodleighs num *plano psicológico e emocional*.

"*O que está acontecendo comigo?*", escreveu ele, esboçando para si mesmo algumas respostas possíveis. *Será que isso não passa de uma lembrança de adolescente que vive sua fantasia?* Estava claro que havia ali *uma energia sexual, um convite à fantasia, algo que está dentro de todo mundo*.

Porém, Henri não estava disposto a limitar a potência da imagem do trapézio. Numa tentativa de tornar sua experiência acessível a todos os seus leitores, buscou identificar *uma outra realidade* que poderia *dessexualizar* o que ele tinha vivenciado.

Fosse qual fosse o caminho escolhido, enxergava nele um risco. Poderia investigar sua reação física ao número

---

81 As citações presentes neste capítulo foram coletadas de notas manuscritas por Henri durante a oficina (Nouwen Archives).

do trapézio ou, como alternativa, deslocar o foco de sua atenção à *dimensão espiritual*, um contexto mais seguro e, em sua opinião, *nem mais nem menos importante do que os demais.*

Percebeu então que o problema era que ele *não desejava escrever um livro sobre espiritualidade, e, sim, um livro sobre a vida, examinando-a sob todos os aspectos, deixando que eles se acomodassem em seus devidos lugares.* Tratava-se de uma tentativa de integrar a experiência física a uma história que remetesse à vida como um todo. Henri nunca havia tentado escrever nada parecido com isso.

Sua viagem precisa ter a mesma vitalidade do que a da história de um circo, escreveu Henri, lembrando-se do incentivo que Bart lhe dera. *Estimule a curiosidade do leitor, surpreenda-o de vez em quando. Você consegue criar um clima de apreensão? Ou mesmo um sentimento de maus presságios? Como será o fim dessa história? Qual é o clímax dela?*

Henri se deu conta de que tais perguntas eram essenciais. Ele imaginara que o clímax estaria relacionado ao encontro do universo circense com a realidade da vida comunitária daquelas pessoas com deficiência mental. Uma das primeiras coisas que o impressionaram em relação aos Flying Rodleighs foi o modo como eles se divertiam, como sorriam uns para os outros enquanto se apresentavam, como irradiavam um alegre espírito de comunidade.

Assim, no instante em que aquelas duas dimensões se encontrassem, pensou Henri, o leitor poderia ser levado a uma espécie de *pleno engajamento*, de *puro deleite*.

Ao trabalhar com Bart, Henri conseguia fazer com que suas ideias, suas fantasias e as correspondências que estabelecia entre ambas as comunidades se parecessem com uma dramática história de encantamento, cheia de perigos e de surpresas. Porém, à medida que a oficina prosseguia, a escrita a partir daqueles registros ia perdendo o vigor. A intensa experiência física que Henri tivera ao assistir aos Rodleighs começava a desaparecer. Ele precisava encontrar a trupe novamente. Na primavera daquele ano, deu início a um plano ousado: acompanhar o comboio dos Flying Rodleighs durante várias semanas.

17

De volta a Toronto, quando contei ao pessoal da Daybreak a experiência que tivera com os Flying Rodleighs, a vontade que eu tinha de retornar e aprofundar minha ligação com o circo começou a se expandir. Sim, eu pretendia escrever sobre eles, mas, se quisesse fazer um bom trabalho, precisaria de uma imersão que durasse mais de uma semana.

Em maio de 1992, peguei o voo para Amsterdã, onde aluguei um trailer *– que me serviria de modesto alojamento para a leitura e a escrita – e segui rumo ao circo. Como Rodleigh já havia me informado o itinerário da trupe, eu sabia onde poderia encontrá-los, o que aconteceu próximo à fronteira com a Holanda, a apenas uma hora de distância da casa onde meu pai morava.*

Na segunda-feira, 4 de maio, eu e minha diminuta casa sobre rodas chegamos a Geysteren, um pequeno vilarejo na província holandesa de Limburg. Estacionei em frente à casa de meu pai, que, empolgado com os meus planos e acompanhado de um amigo local, me ajudou a encontrar tudo de que eu precisava para fazer do trailer *um local autossuficiente*[82].

---

82 Nouwen, H. J. M. Circus Diary – Part I (p. 9) (Nouwen Archives). • Salvo indicação em contrário, todas as demais citações feitas por Henri neste capí-

Rodleigh e os demais integrantes da trupe ficaram encantados ao receber a carta em que Henri lhes perguntava se poderia viajar junto deles por duas semanas. Para Henri, o livro seria seu foco principal; portanto, entusiasmado, colocou em sua mala alguns manuais de escrita criativa. *No momento em que deixei a casa de meu pai, disse a mim mesmo: "Desta vez, vou registrar tudo num diário"* [83].

Quarta-feira, 6 de maio – Emmerich

Cheguei a Emmerich por volta do meio-dia. Não foi difícil encontrar o circo: ao longo de todo o trajeto, na estrada, havia placas indicando "Circo Barum". Ontem à noite, os Flying Rodleighs chegaram aqui, vindos de uma cidadezinha chamada Gogh, e, hoje pela manhã, cuidaram dos preparativos para a apresentação. Também perto do meio-dia, Rodleigh, Jon e Joe se ocuparam da montagem das estruturas, enquanto os marroquinos concluíam seu trabalho com as tendas.

Sinto-me feliz por estar novamente aqui. É um outro mundo, muito diferente da minha comunidade Daybreak em Toronto e, ainda assim, muito semelhante a ela. Treinadores de animais, palhaços, acrobatas, mágicos, volantes e portôs morando num pequeno "vilarejo sobre rodas",

---

tulo constam em "Circus Diary – Part I". • Acatando a sugestão de Rodleigh Stevens, fiz pequenos ajustes na descrição técnica apresentada por Henri.

83 O relato das viagens de Henri e de sua visita aos Flying Rodleighs em maio de 1992 está descrito em "What a friend we had in Henri" (Stevens, p. 12-14) (Nouwen Archives). *Salvo identificação em contrário, todas as citações de Henri incluídas neste capítulo estão presentes em "Circus Diary – Part I" (Nouwen Archives).*

ao lado de músicos, estribeiros, eletricistas e vários outros funcionários responsáveis pelos serviços de manutenção.

Eles vêm de toda parte do mundo: Alemanha, Rússia, Hungria, Itália, Espanha, França, Marrocos, África do Sul e Estados Unidos.

Quando Henri chegou a Emmerich, os três homens da trupe lhe deram calorosas boas-vindas e interromperam o *rigging* para que ele estacionasse seu *trailer* à frente do caminhão de Joe. Como a área do circo era pequena demais para acomodar todos os veículos, os *trailers* ficavam estacionados na rua, em fila.

Henri observava entusiasmado enquanto eles terminavam o *rigging* e a instalação da rede. Por causa das chuvas recentes, o solo estava mole, o que lhes exigiu inúmeras tentativas e estacas adicionais a fim de que a rede pudesse ser firmemente fincada. Henri sentou-se num dos bancos da arquibancada e logo começou a fazer anotações. Demonstrando bom humor, Rodleigh já se imaginava respondendo a um novo interrogatório feito por seu amigo e, preocupado com os preparativos para a apresentação vespertina, surpreendeu-se com o nível de detalhamento técnico contido nas perguntas de Henri. Após a apresentação noturna, diante dos questionamentos que Henri ainda lhe fazia, Rodleigh decidiu responder por meio de esquemas desenhados num papel. Então, ambos travaram uma longa conversa sobre as ideias mais recentes que Henri tivera para seu livro. Em seguida, ciente de que a escuridão poderia deixar seu amigo desorientado, Rodleigh o acompanhou até o *trailer* alugado.

O novo *trailer* de Karlene chegou no dia seguinte. Mostrando-se totalmente à vontade, Henri se esparramou no sofá da colega, com quem engatou num bate-papo agradável, enquanto ela e Kail desfaziam as malas.

Quinta-feira, 7 de maio

Já assisti mais quatro vezes ao número de trapézio dos Flying Rodleighs e sempre fico perplexo diante da belíssima performance deles no ar. A sequência dos movimentos é a mesma desde novembro. Continua espetacular, elegante, com alto nível artístico. E continua perigosa! A cada vez que eles se reúnem ao fim das apresentações, para avaliá-las, fica mais clara para mim a quantidade de coisas que podem dar errado. Tudo se resume a movimentos que duram uma fração de segundo.

Após o espetáculo noturno, os amigos de Henri verificaram o nível do reservatório de água do *trailer* em que ele ficava, e carregaram a bateria do veículo. Refletindo sobre qual seria a melhor sequência de carros no comboio, Rodleigh decidiu que ficaria na dianteira, seguido por Jennie, que conduziria o *trailer* de Karlene. Logo atrás, viriam Henri, Joe e, por último, Jon.

Enquanto partiam em meio à escuridão, Henri percebeu, frustrado, que seu maior desafio àquela altura da vida não era conceber um livro diferente de tudo o que já escrevera. Dirigir aquele *trailer*, isso sim, o deixava aterrorizado.

Foi somente quando pararam os veículos que Rodleigh notou como Henri estava aflito por ter de conduzir o *trailer* à noite. O líder da trupe se aproximou do veículo de Henri e reparou que o amigo ainda mantinha as mãos firmemente agarradas ao volante. Então, perguntou-lhe se estava tudo bem. "Eu nunca tinha dirigido um carro deste tamanho", comentou Henri desesperado, "e nunca gostei de dirigir à noite; por isso, não sei o que fazer agora. Não consigo estacionar o *trailer*". Aliviado, Henri quase foi às lágrimas quando Rodleigh assumiu o volante de seu *trailer* e o estacionou.

A despeito desse episódio, Henri dormiu bem naquela noite. Bem cedo na manhã seguinte, Rodleigh o encontrou sentado à mesa, contemplando a vista. Ao fazer as ligações elétricas do *trailer* de Henri, Rodleigh descobriu, surpreso, que todo o estoque de água já havia sido usado. Então, mostrou a Henri como reabastecer o tanque do veículo e alertou o amigo para o risco de extravagâncias no consumo de água.

Mais tarde naquele dia, quando se sentou para escrever em seu diário, Henri sentiu que a assustadora experiência com o *trailer* tinha ficado no passado. Assim, voltou a se concentrar na relação que havia estabelecido com Rodleigh e com o número de trapézio propriamente dito.

Sexta-feira, 8 de maio – Borken

Ontem à noite, seguimos pela estrada até a cidade mais próxima: Borken. O trajeto levou uns bons noventa minutos. Chegamos em segurança, o que me deixou contente, pois me apavoro ao dirigir o trailer *à noite.*

Perguntei a Rodleigh se ele estaria disposto a detalhar cada movimento registrado no vídeo da apresentação da trupe. Rod me convidou a ir até seu trailer e analisou minuciosamente o primeiro movimento do número, no qual ele faz uma rotação de 360 graus em um duplo layout. O movimento completo dura menos de dez segundos, mas o comentário de Rod, uma vez transcrito a partir da fita cassete, preencheu três páginas grandes!

Sábado, 9 de maio

No meio da apresentação vespertina, Rodleigh cometeu um erro em seu "salto longo". Foi dramático observar o instante em que ele falhou em alcançar as mãos de Joe e caiu na rede. Logo em seguida, repetiu o salto e, desta vez, Joe o apanhou com segurança, sob os sonoros aplausos da plateia.

É estranho, mas, mesmo depois de ter assistido inúmeras vezes à apresentação do grupo, meu nervosismo não diminuiu. Pelo contrário: agora que conheço melhor a complexidade do número, estou mais consciente de tudo o que pode dar errado e sinto que fico mais tenso do que no ano passado, quando assisti ao espetáculo pela primeira vez. Cheguei a dizer a mim mesmo: "Não quero ver este número de novo; fico muito ansioso". Mas sei que voltarei a acompanhá-lo muitas outras vezes.

Após a sessão de avaliação da performance, na coxia, Joe me convidou para tomar um café em seu trailer. Conversamos sobre o movimento de apanhar um companheiro no ar. "Eu sabia que não conseguiria apanhar

Rodleigh no primeiro salto longo", disse Joe. "Ao vê-lo passar por Jon, percebi que ele não estava se aproximando de mim o suficiente para que eu conseguisse apanhá-lo. Rod estava fora do meu alcance." Perguntei, então, qual tinha sido o problema. "Foi a coordenação entre Jennie e Rodleigh no trapézio russo. A intensidade com que Jennie impulsionou Rodleigh fez com que ele subisse alto demais, de modo que não pude alcançá-lo." Tentei imaginar o grau de flexibilidade necessário a Joe para que apanhasse Rodleigh no ar. Fiquei impressionado ao ouvi-lo descrever os muitos ajustes que precisou fazer para segurar o líder do grupo com as mãos.

Joe relatou o momento em que viu Rodleigh se aproximando dele. Embora não fosse capaz de enxergar todos os detalhes, podia visualizar todo o contorno do corpo de seu colega e, então, estender o próprio corpo a fim de apanhá-lo. "Às vezes, preciso cruzar os braços para poder agarrá-lo pelos punhos e girar seu corpo de modo que ambos fiquemos esticados enquanto balançamos por sobre a extremidade da rede." À medida que Joe descrevia os movimentos, dei-me conta de quanta coisa acontecia numa fração de segundo.

Joe também descreveu o que acontece quando Rodleigh se atrasa ou se adianta no movimento: "Quando ele se atrasa, eu tenho que desacelerar meu balanço. Quando se adianta, cabe a mim acelerar. Em geral, é ao vê-lo passar por Jon que noto se está atrasado ou adiantado. A partir daí, sei o que devo fazer. Mas, quando o corpo dele sobe demais e retorna na direção do pedestal, sei que não *terei como apanhá-lo. Nesse caso, tudo o que posso fazer é permitir que ele caia na rede.*

Quanto mais detalhada a descrição que me fazem desse breve número de trapézio, mais me dou conta de quão demorado ele é. Então, percebo que, em momentos decisivos, a vida pode acontecer em câmera lenta. Logo após um acidente de automóveis, é comum que as pessoas consigam descrever o que viram, o que pensaram e sentiram desde o momento em que perderam o controle da direção até o instante em que bateram numa árvore ou em outro carro, por exemplo. Alguns chegam a dizer que, no intervalo de um único segundo, rememoraram sua vida inteira.

Hoje reconheço o que Joe vê e sente, bem como as decisões que ele toma durante os poucos segundos em que Rodleigh voa em sua direção. Deve ser como assistir a um filme em câmera lenta. Também noto que o que é verdadeiro para Joe também o é para Rodleigh, Jennie, Jon e Karlene. O número que eles apresentam num intervalo de dez minutos consiste numa longa e complicada série de manobras cuja descrição demora algumas horas. Aquilo a que o público assiste é o resultado compacto de uma série de ideias, movimentos, escolhas, adaptações, êxitos e fracassos que aos poucos se tornam perceptíveis a um olhar bem treinado. Quando me junto à trupe após o espetáculo e a parabenizo pelo sucesso do número – e, para mim, sucesso significa que ninguém precisou cair na rede durante a apresentação –, não raro eles acabam listando todos os erros que cometeram. No início, eu não percebia nenhum daqueles "deslizes"; de fato, ainda hoje não me dou conta da maioria deles.

O número de trapézio é um microcosmo, embora se pareça mais com um amplo e livre movimento de voar e ser apanhado no ar. Estar com os Rodleighs é como ser convidado por um biólogo a olhar através de um microscópio e, com isso, perceber que há muito mais coisas acontecendo debaixo de meu nariz do que sou capaz de enxergar a olho nu.

Henri foi recebido de modo afetuoso por Jennie ao visitá-la no fim daquela tarde. "Eu queria pedir a Rodleigh que lesse a descrição que fiz da sequência de duplo *layout*", ele explicou.

Jennie insistiu para que Henri se acomodasse e discutisse com ela os detalhes da sequência. A trapezista sabia que Rodleigh não estaria disposto a uma conversa daquelas. Ele estava fora, tentando consertar o sistema de aquecimento da Mercedes-Benz® de segunda mão que havia comprado na véspera. Bebericando o chá oferecido por Jennie, Henri se servia dos *cookies* que ela trouxera.

Pedi a Jennie que me desse mais detalhes sobre o momento em que ela impulsionava Rodleigh para o salto longo. Toda animada, ela me explicou:

— *Aquilo exige de nós uma coordenação e tanto. Preciso marcar o instante em que Rodleigh iniciará o movimento. Digo: "Preparar... Vai!" Só que muita coisa pode dar errado. Pode ocorrer de eu dizer "Vai!" cedo demais, ou tarde demais. Rodleigh talvez se adiante, ou se atrase. Como meu peso é menor do que o dele, dependo muito do impulso do trapézio russo, e não posso apoiar o peso do meu corpo sobre a plataforma oscilante se não estivermos sincronizados. – Comentando os ajustes necessários, ela prosseguiu. – Quando Rodleigh se adianta, o corpo dele percorre uma distância excessiva, e ele acaba ficando perto demais de Joe. Quando ele se atrasa, alcança uma altura exagerada e não se aproxima o bastante de Joe. Eu é que tenho que fazer os ajustes. Quando percebo que Rod parte tarde demais, preciso dar um impulso maior; se percebo que ele parte cedo demais, tenho que segurar.*

A explicação dela me deixou bastante confuso:

– Que diferença faz você "dar um impulso maior" quando Rodleigh parte tarde demais? – perguntei, achando que o verbo "partir" significava deixar o balanço russo.

– Bem, quando Rodleigh parte tarde demais, vejo que o corpo dele demora muito para se aproximar da área-limite. Nesse momento, percebo que preciso lhe dar um impulso extra.

Naquela tarde, ao começar sua *performance*, Rodleigh se sentia frustrado com o fato de o carro que ele acabara de comprar precisar de conserto. Seu erro no salto longo, o movimento mais complexo de todo o espetáculo, o deixara bastante desanimado. A culpa foi toda dele, uma óbvia falta de concentração. Rod não sentia a menor vontade de falar sobre aquilo com alguém, muito menos com Henri, mas também não queria descontar seu mau humor no amigo. Portanto, fez um esforço extra para responder às perguntas que ele lhe fez.

Rodleigh se surpreendeu ao perceber que se sentira melhor depois de conversar com Henri, e se deu conta de que isso também acontecia com os demais integrantes da trupe. Como não nutria expectativas de alcançar a perfeição, Henri aceitava as falhas humanas muito mais facilmente do que Rodleigh.

A performance *noturna dos Flying Rodleighs foi impressionante. Tudo correu muito tranquilamente. Que alegria assistir à apresentação deles! Que beleza! E que movimentos graciosos! Foi eletrizante. O público aplaudia e batia os pés, mostrando enorme entusiasmo.*

18

Sábado, 9 de maio, à noite

Após o intervalo, voltei ao circo para assistir ao trio russo Kaminski. A performance deles acontece na barra russa, composta de três traves amarradas num único feixe. O trio é formado por dois homens e uma mulher. Na barra, que é sustentada sobre os ombros dos homens, a mulher dá saltos, giros e cambalhotas. Esse número sensacional é executado como se fosse um balé, ao som de uma música encantadora. Tais artistas são os verdadeiros discípulos da famosa Escola de Moscou. Rodleigh comentou que eles levaram vários anos para se preparar para esse número e que decidiram mantê-lo naquele formato pelo resto de suas carreiras. Ao ouvir isso, ficou claro para mim que a especialização artística pode ser algo complicado. O que eles faziam era perfeito, mas o número nunca seria diferente daquilo – mais ou menos como um pianista que executa uma valsa de Chopin com perfeição, mas jamais tocará outra peça!

Naquela noite, Karlene comemorou a inauguração de seu novo *trailer* com uma pequena festa, e ninguém se surpreendeu ao saber que Henri fora o primeiro a chegar para mais um chá com biscoitos[84].

---
[84] O relato das interações de Henri com a trupe encontra-se em "What a friend we had in Henri" (Stevens, p. 14-16) (Nouwen Archives).

Concentrado, Henri observava todos os movimentos dos Flying Rodleighs, e Rod não conseguia deixar de observá-lo com a mesma atenção. Três dias depois, a impressão que se tinha era a de que Henri os acompanhava havia vários anos. Rod se divertia ao notar que o amigo caminhava pelas áreas do circo com um jeito muito particular de demonstrar autoconfiança, embora, aos olhos das outras pessoas, Henri parecesse uma criança perdida e confusa.

Pelo menos uma vez por dia, Rodleigh assistia com Henri ao vídeo da *performance* daquela data e comentava em detalhes cada movimento dos integrantes da trupe, bem como os respectivos efeitos. Henri ficava pasmo ao vê-los em câmera lenta, maravilhado com a capacidade do corpo humano de executar uma dança daquelas em pleno ar. Dia após dia, ele ia aprendendo a linguagem do trapézio.

O que o fascinava, além da disciplina corporal, era a concentração mental que o espetáculo lhes exigia. Conforme Rodleigh explicou: *A partir do momento em que se coloca em pé naquele pedestal, ou na barra do trapézio, você não pode pensar em mais nada que esteja acontecendo em sua vida.*

Além dos óbvios desafios físicos e mentais envolvidos no número de trapézio, a trupe também tinha de lidar com turbulências emocionais sem deixar que elas afetassem seu desempenho. Por diversas vezes, Henri perguntou aos Rodleighs como eles se sentiam e como interagiam uns com os outros. Rodleigh gostava dessas ocasiões, as quais chamava de "conversas psicológicas com Henri".

Sendo o líder do grupo, cabia a ele iniciar conversas sobre erros cometidos em cada atuação individual.
— Preciso deixar claro para todos eles que não há problema em cometer erros. De modo geral, não consigo esconder minha frustração, mas também não posso chegar a nenhum deles e dizer: "Por que você fez aquilo? Foi culpa sua. Por que não estava concentrado?" Nada disso fará elevar o nível de autoconfiança deles para a apresentação seguinte. Tenho que dizer as coisas de um jeito que, da próxima vez, eles pensem: "Está bem, agora vou conseguir", pois cada um tem seu brio.

— *O que você está dizendo tem uma importância incrível para a vida toda, não somente para o trapézio* — comentou Henri. — *Essa postura de quem escolhe não acusar os outros, não apontar o dedo dizendo "Você fez uma coisa errada", mas encarar a realidade e seguir afirmando: "Estou com vocês. Na próxima vez vocês vão se sair bem", é um modelo de instrução maravilhoso*[85].

Desse modo, Henri começou então a listar as várias facetas da função de Rodleigh no grupo:

— Seu papel é bem complicado! Todos eles dependem da sua energia emocional e da sua força de vontade. Sendo o líder do grupo, você precisa criar paz onde há discórdia e tomar decisões importantes para os demais integrantes da trupe, além de mostrar interesse na vida pessoal de cada um e oferecer-lhes apoio.

Rodleigh pareceu assustado. Ele não havia pensado em seu papel de liderança sob esse ponto de vista, e a

---

[85] Henri em entrevista em inglês para o documentário *Angels over the net*.

pressão de ter todas essas "novas" responsabilidades sobre os ombros lhe pesava muito. Mas ele se deu conta de que nada havia mudado. Henri simplesmente o havia ajudado a nomear os vários papéis que ele já desempenhava.

As conversas entre ambos permitiram que Rodleigh compreendesse melhor a realidade de cada integrante do grupo e também a do próprio Henri. Rod gostava da maneira como o amigo os considerava, não apenas como artistas, mas como pessoas.

Em contrapartida, Henri gostava de ouvir as explicações de Rod e as repetia várias vezes, traduzindo-as a seu modo e buscando paralelos e semelhanças com sua própria vida.

Domingo, 10 de maio

Hoje de manhã, visitei uma Igreja Católica na cidade; foi uma breve caminhada de dois minutos do circo até lá. Inúmeros sinos repicavam ao mesmo tempo, como se competissem entre si; mas, tão logo entrei na igreja, tudo o que experimentei foi silêncio e harmonia. No início da missa, o local já estava praticamente cheio. A celebração havia sido organizada com esmero. O padre a conduziu com grande devoção, apresentou uma homilia muito bem-preparada e rezou a oração da Eucaristia com clareza e convicção.

Assim como ocorre na maioria das igrejas alemãs, ali imperava a disciplina, e não havia grande intimidade entre as pessoas. Pouquíssimas delas trocaram saudações, e suprimiu-se o momento em que se costuma sinalizar a paz de Cristo. Percebi então que, comparada às celebrações realizadas na Daybreak, aquela era muito semelhante e, ao mesmo tempo, diferente. Senti imensa gratidão por poder ouvir a Palavra de Deus e receber os dons divinos, mas também me sentia meio perdido naquele templo enorme, naquela liturgia formal. Tudo me parecia muito familiar e, simultaneamente, muito distante e estranho.

Não havia ninguém do circo na igreja. Separados por uma distância de poucos metros, a tenda circense e a igreja são dois universos completamente distintos. Contudo, a meu ver, ambos estão intimamente conectados, embora ninguém pareça perceber isso. Afinal, não estão, circo e igreja, tentando elevar o espírito humano e ajudando as pessoas a enxergarem para além das fronteiras da vida cotidiana? Ao mesmo tempo, não correm o risco de se transformar em refúgios para quem, havendo perdido a vitalidade e o poder de transcendência, leva uma vida insossa?

Permaneci um pouco mais no interior da igreja depois que a maioria das pessoas já tinha saído. Porém, não consegui rezar. Senti-me perdido naquele amplo espaço onde tudo era esteticamente tão perfeito, tudo tão organizado – as flores, as velas, as estátuas etc. – e impecavelmente limpo. Em busca de um lugar onde pudesse ter maior privacidade, entrei numa pequena capela lateral, onde uma freira idosa, que apagava todas as velas diante de uma enorme escultura da Virgem Maria em bronze, alertou-me que eu deveria sair dali.

Sentindo um estranho alívio ao sair daquela igreja tão bem-arrumada, Henri voltou para sua casa temporária caminhando na estrada encharcada pela chuva. Não que faltasse disciplina ao circo; porém, assim como em L'Arche, na vida circense também havia espaço para a desordem.

Enquanto caminhava pelo terreno enlameado ao redor do circo, eu me perguntava qual era a relação entre aquilo tudo. Não há motivo nenhum para que se idealize o circo: muito do que se passa nesse ambiente, dentro ou fora da tenda, não tem nada de espetacular. Tampouco há motivos para que se romantize a igreja: muito do que se passa dentro dela não tem nada de espiritual. Mesmo assim, o coração humano anseia por algo maior, algo que extrapole sua própria mesquinhez. Tanto as pessoas que entram num circo quanto as que vão a uma igreja procuram algo que lhes possibilite tocar as estrelas, ou mesmo além!

Será que não há algo de um trapezista em cada padre, e algo de um padre em cada trapezista? Tenho certeza de que sim, mas nenhum dos dois parece se dar conta disso!

19

Domingo, 10 de maio (continuação)

A apresentação vespertina dos trapezistas foi um tanto quanto precária. Eles pareciam não ter muito ânimo – a impressão era a de que todos estavam cansados. Durante o layout, Karlene não chegou a tempo de ser apanhada por Joe, que teve de deixá-la cair na rede. Depois desse incidente, eles terminaram o número sem grande entusiasmo. Encerrado o espetáculo, Karlene se sentia deprimida. Ela comentou: "Tenho vontade de pedir desculpas a todos da plateia e lhes devolver o dinheiro. Eu me sinto péssima".

Hoje, eu é que estou de mau humor. Rodleigh perdeu a paciência diante das perguntas que lhe fiz sobre a apresentação e começou a me tratar com bastante arrogância, lançando-me o tipo de pergunta que um policial normalmente usa ao aplicar uma multa, assim: "Você não é capaz de enxergar a placa que indica o limite de oitenta quilômetros por hora?" Naquele momento, eu me vali das lembranças de que Rodleigh tinha passado por uma experiência ruim à tarde e de que sou bastante lento para aprender as coisas.

Hoje à noite, a tenda será desmontada novamente. Menos de uma hora após o espetáculo, pegaremos a es-

trada rumo a Datteln, a próxima cidade, a 57 quilômetros daqui. "Prepare-se para uma hora e meia de trajeto", Jennie disse. Eu odeio dirigir à noite, especialmente neste trailer. Mas o show do circo deve continuar![86]
Rodleigh e os demais integrantes da trupe sabiam que, com Henri, a viagem demoraria mais tempo, pois ele dirigia devagar e com cautela[87]. O consolo deles era a vantagem de chegar por último à área onde o circo se instalaria: caso surgisse algum problema, os proprietários dos outros veículos já estariam cientes, e poderiam resolvê-lo antes da chegada da trupe.

Segunda-feira, 11 de maio – Datteln

A viagem foi assustadora. Rodleigh liderou o comboio usando o rádio de ondas curtas de seu caminhão para se comunicar com Jon, que vinha logo atrás, em seu enorme veículo. Entre o conjunto de caminhão e trailer *conduzido por Rodleigh e o* trailer *de Jon, estavam Karlene e Jennie numa Mercedes®, que rebocava o* trailer *recém-adquirido de Karlene. Atrás vinha o caminhão de Joe, junto de seu* trailer. *Eu seguia atrás de Joe e, pelo retrovisor, podia ver Jon atrás de mim.*

Como já disse, para mim a viagem foi assustadora; mas para os outros, não. Eles já estão habituados a dirigir seus trailers *à noite pelas estreitas estradas rurais da Alemanha. Porém, no meu caso, aquilo me deixava em pânico! Meu* trailer *tinha cinco marchas, e não era fácil*

---

86 Nouwen, H. J. M. Circus Diary – Part II (Nouwen Archives).
87 Stevens, R. What a friend we had in Henri (p. 16) (Nouwen Archives).

saber qual delas usar a cada velocidade. Dirigíamos devagar, passando por cruzamentos de linhas férreas e por curvas bastante acentuadas; toda vez, eu me perguntava qual marcha seria a mais adequada. Levei um tempão para me acostumar, mas no fim acabei me sentindo um pouco mais à vontade.

Nesse meio-tempo, os velozes carros alemães se misturavam ao nosso comboio para logo sair dele. Obviamente, constatavam que dirigíamos devagar demais, então tentavam ultrapassar, mas o tráfego intenso do outro lado da pista dava às suas tentativas um clima de roleta russa. Como o banco onde eu me assentava ficava num nível bem acima da estrada, eu observava aquele jogo de gato e rato disputado pelos carros que se aproximavam e nos ultrapassavam. Surpreende que ninguém tenha se acidentado e morrido naquele trajeto.

Em viagens como essa, temos tempo de sobra para nos perguntar por que as pessoas estão sempre arriscando a vida. Parece que a pressa de estar no destino é tão grande que chegar vivo é menos importante do que simplesmente chegar!

Ao inspecionar a área do circo em Datteln, Rodleigh notou que o espaço tão alagado que os caminhões de outros artistas tinham atolado na lama e precisavam ser rebocados por um trator. Quando viu isso, Rodleigh instruiu os demais motoristas a que se dirigissem a um terreno mais seco, onde estacionaram com facilidade. Exausto após a viagem, Henri mal conseguiu expressar sua gratidão quando Rodleigh novamente ofereceu ajuda para estacionar seu veículo.

Ontem à noite, logo depois de chegarmos a Datteln, Karlene me convidou para tomar uma bebida quente. Aceitei de bom grado. Em nossa conversa, ficou claro que ela sabia da impaciência de Rodleigh para comigo e quis, portanto, fazer com que eu me sentisse melhor. "Quem cresce e passa a vida inteira entre acrobatas nem sempre se dá conta de que usa uma linguagem que, para quem vem de fora, pode ser difícil de entender", disse ela. Jennie deve ter feito algum comentário, no carro, sobre a conversa que tive com Rodleigh. Senti-me grato pela gentileza de Karlene e porque aquilo renovou minha sensação de pertencimento ao grupo.

Em seu diário, na manhã seguinte, Henri continuou a ponderar sobre o sentido do espetáculo itinerante da trupe:

Enquanto dirigíamos à noite pelas sinuosas estradas de pista única, passando por várias cidadezinhas, eu me pegava refletindo sobre a vida de meus cinco amigos trapezistas. Nos deslocamentos de um lugar a outro, eles mal têm tempo de reparar em que cidade estão. Em geral, o circo é montado nos subúrbios da cidade, e os Rodleighs estão sempre ocupados, cuidando do rigging, *providenciando a manutenção e a limpeza de seus veículos ou preparando seu próprio espetáculo; por isso, eles acabam tendo pouco tempo para relaxar e descansar.*

Demorando-se dois dias em cada parada, a turnê é realmente exaustiva. Os artistas chegam à cidade por volta de meia-noite e passam toda a manhã do dia seguinte montando a estrutura do trapézio. Só nesse trabalho, gastam quatro horas. As apresentações ocorrem às três e meia da tarde e às sete da noite. Embora o número do trapézio dure apenas dez minutos, o tempo necessário para eles se vestirem, o alongamento pré-apresentação, a sessão de avaliação de desempenho, a troca de roupas para o gran finale, e o próprio gran finale, tudo isso os mantém ocupados na maior parte do tempo em que o circo está na cidade.

Na manhã do segundo dia, eles reservam um tempo para ir às compras, fazer telefonemas e cuidar de assuntos comerciais, mas depois se ocupam com as atividades ligadas ao número do trapézio. Às nove da noite, desmontam toda a estrutura do circo, e, às dez, o comboio parte rumo à cidade seguinte.

Ontem à noite, ao fazer uma curva enquanto dirigia meu trailer, pude visualizar o comboio todo de uma única vez. Pensei: "Qual é o significado disso tudo? Cinco pessoas, quatro trailers enormes passando de uma cidadezinha alemã a outra, às vezes sob chuva, outras vezes em meio a um frio intenso, sem jamais encontrar uma desculpa para uma pausa no trajeto – uma parada que não seja para cuidar de preparativos nem para se apresentar efetivamente –, e tudo isso em prol de uma performance de dez minutos da qual a maioria do público não se lembrará pouco tempo depois de tê-la visto!

Essa é a vida de quem trabalha com entretenimento! Provocar exclamações da plateia, como "Oooooh!", "Aaaaah!", "Nããããoo!" Fazer com que as pessoas ali fiquem apreensivas e, então, sintam-se aliviadas. Fazê-las olhar para o topo da tenda e se perguntar: "Como eles conseguem isso? Não acredito!", e deixá-las com a estranha e efêmera sensação de ter estado num universo paralelo.

Será que minha vida é diferente disso tudo? Viajo para lá e para cá dando palestras, fazendo com que as pessoas se sintam seguras ou empolgadas, ajudando-as a acolher seus sentimentos de perda, fracasso e aflição e também a lidar com seu progresso, seu êxito e seu contentamento.

Será que sou como um artista do circo, um profissional do entretenimento? Será que tento atrair a atenção das pessoas em meio aos seus inúmeros fragmentos de vida, dando a elas um vislumbre do "além"? É maravilhoso constatar que a palavra "entretenimento" tem origem nos termos latinos inter *(entre)* e tenere *(segurar).*

O que há de errado em ser um profissional do entretenimento? Jesus não é o maior deles? Ele não está sempre atraindo a atenção das pessoas cuja vida tende à monotonia? Não é verdade que Jesus veio de um outro mundo diferente e viajou de um lugar a outro permitindo que, por um instante, as pessoas olhassem para cima e percebessem que a vida lhes reservava mais do que elas imaginavam? Será que a maioria dos que davam ouvidos a Jesus não se pareciam com as plateias dos circos, que voltam para casa empolgadas, mas, tão logo a vida cotidiana lhes apresenta suas demandas, elas se esquecem do que vivenciaram? Durante os três anos em que andou de cidade em cidade para anunciar as Boas-novas, Jesus reuniu multidões, mas, para pouquíssimas dessas pessoas, a performance *dele fez uma diferença significativa.*

.. • ● • ..

"Os caminhões dos bombeiros chegaram", anuncia Dennie. "Os homens da equipe subirão pela escada com a maca e logo estarão aqui para ajudá-lo a descer até a ambulância."

Entretenimento significa "segurar entre", *inter-tenere*, Henri se recorda. Ele sabe que alguém o segurará no percurso entre a janela e a ambulância, mas isso não lhe soa muito como uma forma de entretenimento. "Será uma descida aterrorizante?" Henri sente então o alívio de, pelo menos, não precisar dirigir o caminhão.

.. • ● • ..

Segunda-feira, 11 de maio (continuação)

Hoje pela manhã, celebrei a Eucaristia sozinho em meu trailer. Foi a terceira vez que fiz isso desde o início da minha estadia no circo. Pensei em convidar alguém para me acompanhar nessa celebração, mas me dei conta de que é melhor permanecer "escondido". A ideia de exercer a função de padre entre o pessoal do circo tem me intrigado; porém, quanto mais tempo permaneço aqui, mais me convenço de que, somente após um longo período de convivência mútua, o exercício do ministério poderá, de alguma maneira, se manifestar. As pessoas mais religiosas daqui parecem ser os muçulmanos do Marrocos. Às vezes, eu os ouço cantar e tenho a impressão de que estão rezando. Mas não vejo nenhum sinal de preces cristãs. Contudo, encaro a gentileza, a receptividade, o apoio e a generosidade mostrados por Rodleigh como um favor tão grande para comigo que é óbvio que tenho muito mais a receber do que a dar neste momento. A sensação é de que preciso viver aqui por bastante tempo e vir a conhecer a todos despretensiosamente, sem lhes fazer exigências; aos poucos, então, o ministério ficará mais claro.

Quarta-feira, 13 de maio – Kamen

O trajeto pelas estradas alemãs que ligam Datteln a Kamen, percorrido ontem à noite, foi curto, mas novamente complicado. A certa altura, percebi que havia esquecido de recolher a escada retrátil de meu trailer. Temendo que aquele pedaço de metal pudesse causar algum tipo de acidente, parei no acostamento, contornei o veículo, e a recolhi. Jon dirigia logo atrás de mim e assistiu à cena; assim, comunicou-se via rádio com Rodleigh, que liderava o comboio. Rod colocou a trupe toda em compasso de espera. De início, eu não conseguia dar partida no trailer, mas por fim deu certo, e o grupo retomou seu caminho. Senti-me constrangido por meu jeito atrapalhado, mas me dei conta de que tinha de aceitar aquilo com um sorriso[88].

Era a hora do almoço. Jennie fitou Rodleigh rapidamente e revirou os olhos. Ele sabia o que estava

---

[88] Esta e as demais citações de Henri neste capítulo foram coletadas em "Circus Diary – Part II" (Nouwen Archives).

passando pela cabeça dela. Uma vez mais, Henri havia entrado no *trailer* deles deixando um rastro de lama. Eles já haviam conversado sobre isso com Henri, mas ele não conseguia se lembrar da regra de etiqueta entre os profissionais do circo segundo a qual era mandatório tirar os sapatos antes de entrar num *trailer.* Ele sequer conseguia se lembrar de limpar os pés no capacho. Mas não fazia isso por grosseria; era somente distraído. Portanto, combinando entre si que ignorariam o fato, Rodleigh e Jennie colocaram uma série de pequenos tapetes à porta do *trailer,* além de jornais estendidos no lado de dentro do veículo.

Jennie virou-se para esconder seu sorriso enquanto Henri passou despercebido pelos jornais e pisou de novo nos tapetes com os sapatos cheios de lama. Seu rosto brilhava de empolgação: ele estava ávido para relatar como o solo encharcado atrapalhava a montagem da estrutura e a instalação das estacas da rede de segurança[89].

Quarta-feira, 13 de maio – Kamen (continuação)

Lama, lama, lama. Havia lama por todo o espaço reservado ao circo em Kamen. Caminhei até o trailer *de Karlene, onde tomamos café juntos. Muito receptiva, ela comentou todas as "oscilações de humor" dos integrantes da trupe. "Rodleigh às vezes me critica muito. Tem horas em que fico muito aborrecida com seus comentários sobre o modo como cuido do meu* trailer, *a forma como trato*

---

[89] Stevens, R. What a friend we had in Henri (p. 16) (Nouwen Archives).

minha filha, a maneira como faço minha apresentação no trapézio. Algumas semanas atrás, eu estava a ponto de largar tudo... Mas devo confessar: o que faz dele uma pessoa tão crítica é a mesma coisa que o torna um artista tão bom. É um verdadeiro perfeccionista. É preciso ser assim quando se pretende ser um bom acrobata. Além de ser capaz de fazer bem os movimentos, deve-se executá-los com perfeição. Se houver desleixo durante um movimento difícil, o resultado não será bom. Bem, o perfeccionismo de Rod se manifesta em tudo. Acho que preciso aprender a não levar as críticas dele para o lado pessoal."

Karlene também fez comentários sobre Jennie, Joe e Jon. Falou deles demonstrando imenso amor e respeito, mas também deixando claro que a convivência íntima no grupo, dia após dia, sem a presença de amigos de fora do circo, está longe de ser fácil. "É realmente necessário dar espaço ao outro. Preciso de meu próprio espaço e não consigo lidar com pessoas que simplesmente ficam entrando e saindo do meu trailer *o tempo todo."*

.. • ● • ..

Trajando uniformes escuros e volumosos, vários bombeiros entram no quarto de hotel onde Henri está. Eles trazem uma maca, um lençol e um grande cobertor, que é rapidamente desdobrado por Dennie. O paramédico e os bombeiros estendem o cobertor sobre a maca e o cobrem com o lençol.

Dennie se dirige novamente a Henri: "Tudo agora está se arranjando. Estamos de saída".

Henri é erguido por mãos fortes que o seguram com suavidade, e ele então se lembra do momento em que os Flying Rodleighs o levantaram colocando-o sobre seus braços para tirar uma foto. Rodleigh puxa as laterais do cobertor para cobrir Henri e fixa as fivelas em volta de seu corpo, como um cinto de segurança – ou terá sido Dennie? A mente de Henri está confusa: cenas do presente e do passado continuam a se misturar.

IV
CONFIE NO PORTÔ

20

À espera do momento em que será transportado pelo estreito corredor do hotel, Henri passa a prestar atenção no próprio corpo, reparando na dor em seu peito e naquela turbulência tão familiar que lhe acomete o estômago. "Será medo? Talvez não seja apenas isso. Quem sabe não é uma certa apreensão, com alguma dose de curiosidade? Talvez uma ansiedade prazerosa, embora esteja numa situação de emergência clínica?" Mais uma vez, a mente de Henri vagueia, e ele é remetido à sensação de esforço físico e de empolgação que sentiu ao viajar com os Flying Rodleighs em 1992.

.. ● ● ● ..

A cada dia que passava, ele se sentia cada vez mais como um escritor que reunia anotações para um novo livro. Em seu diário, passou a enfocar o tipo de obra que desejava escrever e como a escreveria.

Quarta-feira, 13 de maio – Kamen (continuação)

Quanto mais tempo permaneço aqui, sobre mais coisas desejo escrever. Somente o número do trapézio já me

daria motivos para escrever durante meses. Já reuni algumas boas histórias pessoais sobre os três volantes e os dois portôs. Também tenho uma ótima descrição do número em si, feita por Rodleigh, mas as lacunas no que conheço deste universo nunca me pareceram tão grandes.
Não sei nada sobre o rigging. *Eu precisaria de semanas para conhecer os nomes das diferentes peças da estrutura usada no número do trapézio e entender a maneira como elas se encaixam. Não sei nada sobre o figurino dos artistas, nem sobre como ele é escolhido e usado. Não sei nada sobre a remuneração dos artistas, sobre as despesas e os inúmeros aspectos administrativos relacionados à apresentação.*

Quanto mais aprendo, mais me dou conta de que sei muito pouco. Mesmo assim, quanto mais detalhes eu obtiver, melhor. Talvez eu não precise incluir todos os pormenores na história que contarei, mas, sem conhecê-los, creio que não serei capaz de fazer boas escolhas para meu livro. Isso me faz lembrar da estátua de Balzac, esculpida por Rodin e exposta em Paris. Embora a estátua mostre Balzac vestido com um largo manto, os estudos que antecederam a produção da escultura propriamente dita mostram uma série de modelos nus. A intenção de Rodin era conhecer cada detalhe do corpo de Balzac para que pudesse fazer uma escultura verossímil, dispondo o largo manto sobre os ombros do escritor. Creio que isso também se aplica quando se deseja escrever sobre a arte do trapézio. Mesmo que não exista a intenção de distrair o leitor com todos os detalhes técnicos, é preciso conhecê-los muito bem para descrever o potencial artístico do espetáculo[90].

---

90 Salvo indicação em contrário, esta e todas as demais citações de Henri incluídas neste capítulo estão presentes em "Circus Diary – Part II" (Nouwen Archives).

Quinta-feira, 14 de maio

Ao ler Writing for Story, *de Jon Franklin, e* Writing Creative Non-Fiction, *de Theodore A. Rees Cheney, fico cada vez mais convencido do poder da escrita. Nunca estudei a fundo tal ofício, mas esses livros têm me mostrado quanto eu vinha perdendo com isso.*

Enquanto os leio, em meio ao ambiente do circo, pergunto a mim mesmo: "Por que você está aqui? Para saber mais sobre o circo ou para aprender a escrever?" Hoje, percebo que as duas coisas estão conectadas. Adoro o circo, e o aprecio ainda mais pelo fato de ele proporcionar muito material para a minha escrita. Adoro escrever, e aprecio essa atividade ainda mais porque ela me permite expressar o que sinto pelo circo. Ao ler esses livros sobre o ato de escrever, percebo a extensão dos assuntos que posso abordar. No início, tive a impressão de que o espetáculo do trapézio seria o assunto principal, mas, à medida que fui me aprofundando no universo do circo, notei que em toda parte há pequenas histórias. Bastava que eu estivesse dez minutos longe do meu trailer e já me vinha a necessidade de correr de volta para ele a fim de relatar a cena que acabara de ouvir ou presenciar.

Portanto, minha rotina aqui consiste numa estranha movimentação de um lado a outro, sempre retornando à minha pequena escrivaninha: uma tensão esquisita, situada entre a ação e a contemplação, entre a observação e o relato, entre a escuta e a escrita, entre circular pela área do circo e ficar sentado aqui dentro do trailer.

A disciplina de que mais preciso é manter o foco. Há tantas coisas que posso observar e ouvir que acabo sendo facilmente inundado pelas inúmeras impressões e sensações que me chegam, vindas de todos os lados. Preciso da lembrança constante de que não sou capaz de ir a todos os lugares, não posso falar com todo mundo, não posso participar de todas as atividades.

Os Rodleighs me dão uma boa oportunidade de permanecer focado. De fato, quero absorver tudo o que puder aprender. Porém, as demais pessoas que trabalham no circo – os palhaços, os "garotos mágicos", os domadores, os funcionários marroquinos e os músicos poloneses – precisam ser mantidas na periferia de meu campo de visão. Caso contrário, tudo começa a girar freneticamente, e fica impossível escrever.

Ao retomar a leitura de *Writing Creative Non-Fiction*, Henri deparou-se com a seguinte passagem: "Quando estiver buscando uma estrutura para o livro, ajeite as costas em seu assento, examine o que encontrou e reorganize tudo em pilhas. Você consegue enxergar algum padrão recorrente, ou algo que se assemelhe a um padrão e pareça ganhar forma? [...] Se o fim da história estiver próximo, ele funcionará como um polo magnético que atrai todo o restante para si"[91]. Henri sublinhou esse trecho para mais tarde poder voltar a ele facilmente. Retomando seu diário, registrou:

Quinta-feira, 14 de maio (continuação)

Estou convencido de que meu encontro com os Rodleighs serviu para que eu descobrisse algo novo sobre a vida e a morte, amor e medo, paz e conflito, céu e inferno,

---
91 Cheney, T. *Writing creative non-fiction* (p. 140).

algo que não sou capaz de apreender e acerca do qual não consigo escrever de jeito nenhum. Volta e meia, eu me pego pensando: "Como eu poderia imaginar, mesmo poucos anos atrás, que eu me instalaria durante algumas semanas num trailer no meio de um circo na Alemanha?" Pois aqui estou, e sinto como se este fosse o único lugar em que deveria estar neste momento. O que o amanhã me trará, descobrirei amanhã; estou feliz por não precisar saber nada a respeito disso hoje.

Durante a apresentação da tarde, logo depois de Karlene ter me explicado por que as meias deles continham breu – o pó de carbonato de magnésio usado para eliminar o suor das mãos, dos punhos e tornozelos dos trapezistas –, uma das meias de Joe se soltou e caiu na rede. Rodleigh sinalizou o que tinha acontecido, mas não havia nada a se fazer, pois estavam bem no meio da apresentação. O assistente marroquino sorriu para mim ao perceber que eu presenciara aquela cena.

O número continuou como de costume, mas, na avaliação pós-espetáculo, Karlene me disse que aquilo a deixara apavorada: "Joe transpira demais; ele precisa manter as mãos bem secas para poder nos segurar direito".

Na apresentação noturna, Rodleigh se saiu mal: cometeu um erro ao executar sua cambalhota e, no fim do movimento, bateu a panturrilha no pedestal. Terminada a apresentação, embora Rod tivesse saído mancando, Jennie não criou nenhum estardalhaço por causa do acidente; apenas comentou: "É uma coisa bem estranha machucar essa parte do corpo. É a primeira vez que isso acontece".

Sexta-feira, 15 de maio – Wuppertal

Conseguimos chegar à área onde o circo estava instalado, no centro de Wuppertal, apesar de eu haver perdido a saída para a cidade e Jon ter precisado ir atrás de mim, trazendo-me de volta para o comboio. Além disso, Rodleigh pegou uma saída errada, fazendo com que o comboio ficasse perambulando para cima e para baixo, perto do outro extremo da cidade. Por volta de meia-noite, todos os nossos trailers estavam enfileirados, e nos sentíamos empolgados com a nova locação. "Avistei um enorme supermercado pouco antes de chegarmos à área do circo", disse Karlene. "Finalmente, um lugar onde podemos ficar por um tempo", exclamou Joe. O comentário de Jennie foi: "Tirando o fato de não ter gramado, podemos dizer que este é o local ideal", ao que Rodleigh acrescentou: "Um lugar legal e próximo à tenda, o que nos permite ouvir a música e saber se nosso momento de entrar em cena está próximo". Jon estava particularmente de bom humor, pois seus pais chegariam na manhã seguinte, vindos de Detroit, para passar uma semana com ele.

Hoje de manhã, resolvi pegar o trem da tarde para Freiburg, a fim de visitar alguns amigos. Senti um pouco de tristeza ao partir, mas me alegrava saber que estaria de volta dentro de uma semana, quando poderia passar mais alguns dias com o circo em Wuppertal.

Rodleigh permaneceu no local montando a estrutura do trapézio enquanto Jennie levava Henri até a estação de trem[92]. Antes disso, porém, foram ao *trailer* de Henri para se certificarem de que seus equipamentos elétricos e a gás estavam todos desligados. Tendo viajado dez dias juntos, eles já se acostumavam à convivência com Henri.

---
92 Stevens, R. What a friend we had in Henri (p. 16-17) (Nouwen Archives).

21

Em Freiburg, Henri logo fez questão de apresentar suas ideias relacionadas ao trapézio ao amigo e editor Franz Johna, de cuja companhia ele e seu pai desfrutaram quando estiveram no Circo Barum pela primeira vez.

Domingo, 17 de maio – Freiburg

Tenho a sensação de que Franz ainda não entendeu muito bem meu entusiasmo pelo circo. Quando estou diante dele, tenho a sensação de que eu deveria ter escolhido um tema mais "sério" para o livro. Para Franz, ainda é difícil compreender como isso tudo me levará a escrever um livro sobre espiritualidade. Porém, em meio à nossa conversa, quando lhe expliquei que não pretendia usar os Rodleighs como ilustração para grandes verdades espirituais e comentei que a proposta era tão somente escrever uma boa história sobre pessoas boas que fazem coisas boas, Franz pareceu se animar ou mesmo se empolgar um pouco.

Para mim, é importante estar fisicamente distante do circo e ser convidado a "defender" meu projeto. Quanto mais falo sobre ele, mais clara fica para mim a percepção de que, acima de tudo, o que quero é escrever uma boa história, certo de que ela carrega em si as Boas-novas[93].

---

[93] Salvo indicação em contrário, esta e todas as demais citações de Henri incluídas neste capítulo estão presentes em "Circus Diary – Part II" (Nouwen Archives).

Henri começou a perambular pelas ruas do centro de Freiburg e, satisfeito, pensou: *Freiburg já é, para mim, minha segunda cidade natal*. Comprou algumas gravuras de quadros de Van Gogh e se deu conta de que não sentia saudade de seus tempos de professor universitário, embora observasse atento os vários alunos que circulavam para lá e para cá em meio aos belos e antigos edifícios da universidade local. *Só o fato de eu estar aqui!...*, alegrou-se ele.

Segunda-feira, 18 de maio

Passei uns bons sessenta minutos conversando com Franz. Na maior parte do tempo, falamos sobre a ideia de eu escrever um livro com meditações para cada dia da semana. Franz já havia publicado uma obra desse tipo, com reflexões diárias de autores como Carlo Martini, Carlo Caretto e Heinrich Spaemann – na verdade, eram compilações de trechos de livros deles.

A proposta de compor uma nova antologia não me animava muito. Boa parte de meus livros já não expressa mais minha visão espiritual e, embora eu não esteja invalidando meus primeiros escritos, sinto que o que se exige de mim agora é algo radicalmente diferente.

As várias vezes em que encontrei pessoas que não têm a menor ligação com nenhum tipo de igreja, o contato que tive com pacientes com Aids, minha experiência no circo e os vários eventos sociopolíticos ocorridos em anos recentes, tudo isso demanda uma nova maneira de falar a respeito de Deus. E essa nova maneira se aplica não ape-

nas ao conteúdo, mas também à forma. Não apenas o que eu digo, mas o modo como o digo precisa ser diferente. O que me vem à mente, sobretudo, são histórias. Sei que preciso contar histórias. Ao invés de ensaios permeados de argumentos, citações e análises, busco histórias que sejam curtas e simples e que ofereçam um vislumbre de Deus em meio a esta nossa vida tão multifacetada.

Henri passou o dia seguinte inteiro em sua escrivaninha, dedicado ao novo livro. O escritório no segundo andar da casa de Franz e Reny Johna era um lugar intimista e confortável, no qual Henri sempre se sentia à vontade para escrever[94].

Porém, sinto que há dentro mim certa resistência para escrever um livro sobre o circo; é como se esse projeto fosse grande demais para mim e eu não pudesse tocá-lo adiante com tranquilidade por não conhecer suficientemente o trapézio. Talvez, Henri ainda se considerasse muito mais um observador. *Ainda não tenho total capacidade de fazer essa escrita vir do coração.* Tentou se animar, lembrando a si mesmo que se conectar a um tema específico é um processo que não tem fim; portanto, deveria começar a escrever confiando que algo viria à tona. Aos poucos, à medida que ele ia desacelerando, a escrita foi ficando mais fácil.

Entretanto, sua estadia na casa de Franz logo terminaria.

---

[94] Nas várias temporadas que passou na casa de Franz e Reny, Henri escreveu diversos livros, entre eles *Nossa maior dádiva*.

Quinta-feira, 21 de maio – Wuppertal

Hoje pela manhã, Franz me levou à estação de trem. Era uma e meia da tarde quando cheguei de volta ao circo. No trem, fiquei me perguntando como teria sido aquela semana para os Flying Rodleighs. "Será que Rod já se recuperou da lesão na perna? Enquanto estive ausente, será que os espetáculos tiveram um bom número de espectadores? Será que, quando eu chegar, os membros da trupe estarão de bom humor e menos exaustos do que quando parti?"

Logo fiquei sabendo que a semana deles não tinha sido nada fácil. A lesão de Rodleigh ainda o incomodava muito. Karlene teve uma hemorragia no estômago e precisou passar horas no médico, que então lhe disse para não retornar de modo nenhum ao trapézio enquanto sentisse dor. Jennie, seguindo o tratamento de um sopro no coração, teve que fazer uma nova série de exames. O palhaço alemão teve uma crise no meio do picadeiro, causada por alergia a pó, e precisou ser levado ao hospital. A sra. Kaminski caiu da barra russa enquanto fazia sua última acrobacia, o que lhe causou um ferimento grave na perna. Peter, o inglês responsável pelo número do cachorro, teve um contratempo sério: o cão do palhaço soltou-se da coleira, saiu perseguindo o cãozinho de Peter e mordeu o bichinho com tanta violência que Peter teve de manter seu parceiro de número longe do picadeiro por uma semana. Não bastasse isso, todos os acrobatas Hassani pareciam sentir dores nos punhos e nos tornozelos!

Meio apreensivo, fui assistir ao espetáculo da tarde, tentando imaginar como seria o número do trapézio com *dois artistas machucados. De início, tudo me pareceu igual. Porém, ao movimentar-se em dupla com Jon, Rodleigh decidiu dar uma cambalhota frontal, sendo transferido de Jon para Joe, mas não conseguiu alcançar as mãos deste segundo portô e caiu na rede. Considerando que o plano original era ser impulsionado de volta para Jon e, a partir dali, executar mais alguns movimentos, a queda interrompeu todo esse roteiro, fazendo com que Jennie tivesse de prosseguir com o número saltando diretamente do pedestal.*

A apresentação da noite, porém, foi em tudo diferente. Terá sido resultado de uma simples obstinação em trabalharem bem juntos em meio a circunstâncias difíceis? Ou devido ao entusiasmo da plateia, que lotava o circo? Não sei dizer, e os Rodleighs provavelmente também não, mas o espetáculo foi fantástico. Rodleigh voou partindo das mãos de Jon e de Joe e retornou a ambos com grande facilidade, sendo apanhado pelos dois sem qualquer estresse aparente. Deu suas cambalhotas e seus rodopios de maneira muito graciosa e se movimentou no ar como se este estivesse sob seu comando. Jennie também partiu do pedestal e a ele retornou com muita elegância; quando Jennie e Rodleigh terminaram o número fazendo sua espetacular passagem sobre a barra, soltando as mãos de Joe e a elas retornando, a plateia irrompeu numa explosão de aplausos e batidas de pés, o que obrigou Gerd Siemoneit a mandar que a trupe inteira, já na coxia, retornasse ao picadeiro para novos agradecimentos.

O grupo todo estava empolgado; podiam sentir a energia no ar. Até mesmo Joe, que costuma ser bastante reser-

vado, não conseguia esconder seu entusiasmo: "Realmente, foi muito bom!"

No dia seguinte, Henri fez questão de, durante o intervalo, acompanhar a irmã de Jon, que estava ali de visita. Ele ficara impressionado com um conselho dado por Cheney no livro *Writing Creative Non-Fiction*, pois tratava de algo que praticava com facilidade: "Dê ouvidos a todos; comentários não solicitados feitos por 'pessoas desimportantes' podem ser muito mais esclarecedores do que os feitos por 'famosos'"[95].

Sábado, 23 de maio – Geysteren

Ontem à noite, durante o intervalo, não me juntei aos Rodleighs em sua sessão de avaliação. Em vez disso, preferi ter uma conversa com Kristen, irmã de Jon. Ela vem assistindo a todos os espetáculos desde que chegou aqui, vinda de Detroit e acompanhada de seus pais. Kristen adora o circo e nunca se cansa de ver as apresentações.

Considerando que tem Síndrome de Down, Kristen é uma mulher muito independente e bastante articulada. Seu número predileto é o dos palhaços, cujo número de "boxe" é cheio de "golpes" barulhentos. Ela me contou tudo a respeito de sua família, de seu trabalho e de seu papel nos Jogos Paralímpicos, nos quais ganhou duas medalhas e uma fita de condecoração.

Enquanto conversávamos, dei-me conta de que o circo consegue se comunicar não apenas com jovens e idosos,

---

[95] Henri sublinhou essa frase no livro de Cheney (p. 127).

mas também com pessoas que têm deficiência mental e com intelectuais. Na verdade, o circo encontrou uma linguagem universal que preenche as lacunas existentes entre as pessoas.

Hoje, meu último dia no circo, pude perceber várias conexões entre minha comunidade L'Arche em Toronto e esta comunidade circense. Observadas à distância, elas talvez pareçam muito diferentes, mas, quando vistas de perto, são muito semelhantes. Ambas são feitas para pessoas especiais.

Não foi fácil me despedir depois de tantos dias agradáveis, cercado de pessoas tão boas. Mas eu me sentia pronto para seguir adiante. Sei que os Rodleighs serão meus amigos por toda a vida. Talvez eles ainda não saibam disso, mas tê-los deixado ontem à noite não me deu a impressão de que demoraria muito até que nos reencontrássemos. Eu só preciso de um tempo para reunir minhas ideias e encontrar a história que se esconde por trás delas.

Após uma despedida afetuosa no início da manhã, Henri sentou-se ao volante e dirigiu seu *trailer* à sua maneira peculiar. Rodleigh sentiu um leve arrepio ao ver que, numa curva, foi por um triz que Henri não bateu num carro estacionado[96].

Às seis da manhã de hoje, deixei a área do circo em Wuppertal. Uma hora e meia depois, eu atravessava a fronteira do país e entrava na Holanda. Às oito e meia, já estava em casa, com meu pai, em Geysteren. Ele ficou muito feliz em me reencontrar e pediu que eu lhe contasse todas as novidades sobre o circo.

---

96 Stevens, R. What a friend we had in Henri (p. 18) (Nouwen Archives).

22

No hotel em Hilversum, o motorista da ambulância entrega a Dennie uma enorme bolsa vermelha com itens de pronto-socorro. Dennie tira dela um remédio adicional. "Vou deixar isso aqui conosco, para caso haja necessidade nos próximos minutos", diz ele a Henri. Um dos bombeiros já está à espera ao lado da porta, com a mala de mão de Henri. Dennie devolve a bolsa com os itens de pronto-socorro ao motorista, que sai rapidamente pela porta com o bombeiro. "Eles vão descer pela escada e nos encontrar lá embaixo", Dennie explica.

O paramédico faz uma pausa, preocupado com o silêncio de Henri. Ele está concentrado na dor que está sentindo? Será que é apenas dor ou está perdendo a consciência? Dennie continua a falar, a fim de que Henri se mantenha alerta e presente: "Estamos prontos para levá-lo pelo corredor até a janela, que já foi aberta pelo pessoal do hotel. Transportaremos você na maca até o guindaste. Não se preocupe. Estarei contigo durante toda a operação".

O cobertor que envolve Henri é confortável. Ele abre os olhos e tenta sorrir para Dennie, mas se dá conta de que o paramédico não consegue ver as contrações de seus lábios através da máscara de oxigênio. Dennie acomoda o balão de oxigênio entre as pernas de Henri. Um dos bombeiros segura o monitor cardíaco e se mantém colado a Henri, de modo que os três eletrodos se mantenham firmemente presos ao peito do holandês. Outro bombeiro se prepara para levar a bolsa de soro. Henri está impressionado com a cautela e a coordenação dos bombeiros quando manuseiam o equipamento necessário à operação. Todos parecem saber exatamente do que precisam e quando precisam e desempenham sua função sem a menor hesitação. "É provável que ensaiem todos esses movimentos."

Trata-se de uma nova maneira de "estender os braços para alcançar alguém", reflete Henri. *Crescer: os três movimentos da vida espiritual*[97] é o nome de seu segundo livro, e Henri se vê pensando na semelhança entre os principais argumentos apresentados nessa obra e o trapézio. Lançando-se do pedestal, o portô tenta alcançar o volante. O próprio subtítulo do livro, *Os três movimentos da vida espiritual*, enfatizava a noção de impulso e dinamismo. Quando escreveu esse livro, há vinte e um anos, Henri articulou um *movimento de fora para dentro*, da solidão à solitude; na sequência, uma *viagem de dentro para fora*, da hostilidade à hospitalidade; e finalmente um *movimento de baixo para cima*, da ilusão à oração. Na avaliação dos leitores, tratava-se de uma obra prática e útil, cujo teor consistia em autoajuda espiritual, bem numa época em que esse gênero literário

---
[97] Paulinas, 2001.

começava a se popularizar. O livro se tornou o primeiro *best-seller* de Henri.

Agora, porém, com a visão embaçada, Henri observa Dennie e o cuidadoso trabalho de equipe daqueles homens e se pergunta se, à época em que escreveu aquele livro, sua noção de espiritualidade não estava voltada apenas para os indivíduos. Como é que uma pessoa poderia "estender os braços" daquela forma, e ainda sozinha — sem se saber parte de um grupo maior, de uma equipe ou de uma comunidade? Essa não é uma questão recente. Já em 1983, quando Henri morou na América Latina, seus novos amigos lhe mostraram em que medida sua própria espiritualidade era *individualista e elitista*. *Não foi fácil admitir, mas, sob vários aspectos, meu ponto de vista sobre a vida espiritual foi enormemente influenciado pelo ambiente norte-americano, com sua ênfase à "vida interior" e com seus métodos e técnicas criados para que essa vida se desenvolva*[98].

Na verdade, ponderou Henri, ele havia se rendido a *uma espiritualidade feita para pessoas introspectivas, que podem se dar ao luxo de dispor do tempo e do espaço necessários para desenvolver a harmonia interior e a quietude*. Algo muito distinto do foco atento, urgente e disciplinado que ele observava nos colegas de Dennie. Ou mesmo nos Flying Rodleighs.

"O que eu gostaria de dizer sobre o trabalho de equipe implicado numa apresentação de trapézio?", Henri se

---

98 As citações de Henri transcritas nesse parágrafo e no seguinte encontram-se em Foreword (1984). *In*: Gutierrez, G. *We drink from our own wells: The spiritual journey of a people* (p. xvi). Orbis Books.

pergunta. *Percebi, com muita clareza, que todas as partes juntas formam um corpo único, integral. Se uma parte do corpo não estiver funcionando, o corpo inteiro deixará de funcionar*[99]. "Em essência, será que a beleza não é resultado de um esforço espiritual compartilhado? Esses artistas buscam contínuo autoaprimoramento; todavia, criam beleza para os outros, e a *performance* deles se manifesta por meio do trabalho de equipe e da comunidade."

.. • ● • ..

Já próximo ao fim do período em que acompanhou os Rodleighs em turnê, em 1992, Henri estava entusiasmado com seu projeto e se sentia ansioso para aprender a escrever de um modo diferente. Menos de duas semanas após aquela temporada na qual Henri circulara aos solavancos com seu *trailer*, Rodleigh recebeu uma carta dele, agradecendo a gentileza e a hospitalidade com que fora acolhido. Henri lhe confidenciou que, àquela altura, já tinha farto material para seu livro e que, a seu ver, essa seria sua primeira tentativa de dirigir-se a um público não religioso[100].

Quem seria capaz de compreender as amplas conexões que Henri já vislumbrava? No dia 2 de junho, ele escreveu para John Dear, um amigo estadunidense com-

---

99 Henri em entrevista concedida a Jan van den Bosch para o documentário *Henri Nouwen: the passion of a wounded healer* (EO Television, 2006).
100 Stevens, R. What a friend we had in Henri (p. 19) (Nouwen Archives).

prometido com a formação de comunidades e com processos de restauração da paz. *Espero que um dia eu possa lhe contar sobre um período muito interessante, de um mês, que passei recentemente com um circo alemão. Sob certos aspectos, a vida num circo não é diferente da vida numa comunidade que prega a não violência*[101].

No fim de novembro, Henri voltou a escrever para Rodleigh dizendo que havia retomado seus planos de inserir um elemento religioso no livro, o que lhe permitiria lidar com um assunto no qual tinha mais desenvoltura. Rodleigh deu um sorriso, tentando imaginar o que Henri faria para encontrar conexões entre o número de trapézio dos Flying Rodleighs e um tema religioso qualquer, ou melhor, conexões em quantidade suficiente para que delas saísse um livro[102].

Depois de enviar sua carta a Rodleigh, Henri apanhou a caneta sentindo-se inspirado. Conseguia facilmente se imaginar usando três movimentos como estratégia para contar a história dos Rodleighs. Aquele formato já era familiar para os leitores, entre os quais vinha tendo enorme sucesso. Entusiasmado, Henri esboçou o que seriam esses três movimentos: cada um deles conectava os Flying Rodleighs à Comunidade L'Arche e à igreja[103].

Da carreira profissional à vocação, ele escreveu. Esse primeiro movimento incluiria *as trajetórias pessoais de cada*

---
101 Dear, J.(ed.). *The road to peace* (p. xxiv).
102 Stevens, R. What a friend we had in Henri (p. 19) (Nouwen Archives).
103 O esboço desse trecho aparece nos cadernos manuscritos inéditos disponíveis no centro de pesquisa Nouwen Archives. As citações de Henri relacionadas a tal esboço foram coletadas nesses cadernos.

membro da trupe. Vários assistentes na L'Arche Daybreak já haviam trilhado jornadas semelhantes às dos trapezistas.

O segundo movimento correspondia à transição *do individualismo à comunidade*. Um ímpeto de entusiasmo foi o que moveu Henri a delinear essa seção do livro. *Para realizar sua vocação como grupo, os Flying Rodleighs precisavam conviver juntos, pois aquele número de trapézio dependia totalmente de seu trabalho de equipe e do cuidado que cada um mostrava em relação aos demais. Entre o grupo, não poderia haver competição, heróis, raiva ou ciúmes, e eles precisavam ensaiar seu número juntos, o tempo todo*. Dito de outro modo, era como a L'Arche: *um estilo de vida experimentado em comunidade, com compaixão, perdão e rotina de vida compartilhada*. "*Vejam como eles amam uns aos outros!*", *essa seria a maneira pela qual, segundo Jesus, os cristãos seriam reconhecidos; o mesmo se aplicava à comunidade do circo*. Henri releu tais anotações, pensando de que maneira essa seção do livro poderia ser útil a muitas das pessoas solitárias que lhe escreviam cartas.

Por fim, concebeu um terceiro movimento: *do entretenimento à inspiração*. Henri vinha refletindo sobre isso desde a época em que registrou num diário a experiência de viajar com a trupe do circo. *O sentido por trás do número do trapézio não é apenas entreter as pessoas*, refletiu ele, *mas dar a elas um vislumbre da beleza da vida. Não só uma beleza artística, mas uma linda percepção dos seres humanos vivendo em harmonia, uma realidade em que as pessoas possam se sentir seguras em relação às outras*. Na verdade, *os Flying Rodleighs ofereciam uma perspectiva que combinava deslumbramento, alegria, êxtase, beleza e elegância* – as palavras dele atropelavam umas às outras à medida que eram escritas. Henri imaginava pessoas como ele sentadas na plateia e pensando: *Não estou meramente esquecendo meus problemas; consigo ver quem sou, quem posso ser e quem quero ser.* Registrou: *Neste sentido, o número do trapézio é altruísta, pois revela a vida que existe na vocação e na comunidade, assim como acontece em L'Arche.*

Nesse momento, algo mudou. Henri sentiu os ombros desfalecerem. Pôs a caneta de lado e abraçou forte o próprio peito, olhando através da janela diante de sua escrivaninha. O livro que ele estava esboçando lhe parecia adequado e repleto de *insights* importantes. Henri se sentira bastante engajado ao desenvolver os capítulos dedicados ao trapézio, mas, ao tentar rascunhar os capítulos sobre a L'Arche, notou que sua energia diminuía e seu foco se dissipava. Quando tentou aplicar cada um daqueles *insights* à vida espiritual, perdeu completamente o interesse pelo tema.

Deu um suspiro, admitindo que não dispunha de verdadeiro entusiasmo pela forma como vinha estruturando suas experiências. O problema talvez fosse o fato de a edição original de *Crescer: os três movimentos da vida espiritual* ter sido publicada muitos anos antes. Se a ideia era fazer com que o livro sobre os Rodleighs também se pautasse em três movimentos espirituais, será que, no fim das contas, isso não resultaria em algo semelhante ao que acontecia com aqueles belíssimos artistas russos? Tendo criado e aperfeiçoado um único número, tudo o que restava aos Kaminski era executar aquela mesma *performance* até o fim de sua carreira.

A intenção de Henri não era se limitar a um único número, valendo-se da mesma estratégia de escrita repetidas vezes a despeito de seu público aplaudi-lo a cada livro publicado. Assim como Rodleigh, Henri queria sempre mudar, arriscar-se, tentar algo novo, ainda que isso implicasse o risco de fracassar ou de lhe trazer desconforto. Então, acabou abandonando aquele esboço.

Eu não queria simplesmente escrever mais um livro, disse ele numa entrevista que concedeu um ano mais tarde. *Muitas pessoas me questionaram: "Por que você não escreve outro livro sobre oração, mais um livro sobre Deus, mais um livro sobre meditação?" "Não, não. O que quero é escrever um livro sobre o trapézio." A reação delas era: "O que você tem na cabeça? Enlouqueceu?" "Não, não estou louco, apenas apaixonado pelo trapézio e por Deus, e os dois têm alguma relação entre si"*[104].

A cada vez que Henri retomava a escrita de seu livro sobre o trapézio, tinha a sensação de que recebia um chamado. Ele já havia explicado isso anteriormente num de seus diários, enquanto viajava com o circo:

Por que eu deveria escrever sobre um número de trapézio? Não sei responder. Esse número me foi "dado" ano

---

[104] Henri em entrevista em inglês para o documentário *Angels over the net* (versão não editada). Um resumo dessa citação foi incluído na versão final do documentário.

passado, assim como a gravura de A volta do filho pródigo *me foi "dada" em 1983.*

Há um estranho "você tem que" relacionado ao meu livro sobre o número de trapézio. Ainda não sei dizer exatamente por que os Flying Rodleighs são tão importantes para mim. Ainda não consigo expressar com clareza o significado de sua performance. *Porém, posso dizer, com grande certeza interior, que eles guardam um importante segredo, que se revelará para mim aos poucos caso eu me mantenha fiel à minha intuição*[105].

---

105 Nouwen, H. J. M. Circus Diary – Part II (p. 8) (Nouwen Archives).

23

Sim, Henri reflete, o trapézio lhe fora "dado". Ele sente que houve uma conexão imediata, misteriosa e física com aquela arte. A experiência mais semelhante a essa lhe havia ocorrido anos antes.

.. • ● •..

O ano era 1983. Na pequena sala de Simone, na comunidade L'Arche em Trosly, na França, Henri de repente perdeu o fio da conversa que vinha tendo com aquela amiga; fora distraído pela reprodução do quadro de Rembrandt na parede diante dele. Sua atenção foi totalmente absorvida pela cena à sua frente. Um filho vestido em roupas esfarrapadas está ajoelhado, com a cabeça encostada em seu pai idoso; este, em pé, apoia as duas mãos nas costas do filho carinhosamente. O quadro ilustra uma história contada por Jesus, sobre o filho mais novo de uma família. O rapaz pede ao pai sua parte na herança que lhe cabia, sai de casa e gasta tudo com extravagâncias, esbanjando dinheiro. Quando o dinheiro acaba, o moço se percebe sem amigos e, envergonhado, retorna à casa do pai. Em vez de repreendê-lo, o pai o acolhe de braços abertos e lhe oferece uma festa de boas-vindas. O obediente irmão mais velho, que permanecera em casa, fica ressentido com o fato de o pai não ter valorizado sua presença e seu trabalho na propriedade da família, embora recebesse de volta o filho irresponsável, oferecendo-lhe um banquete[106]. O quadro retrata não apenas o carinhoso reencontro entre pai e filho, mas também a raiva represada pelo primogênito.

No momento em que Henri olhou para o quadro, sentiu como se estivesse mergulhando naquela pintura, convencido de que a imagem de Rembrandt lhe fora "dada", explodindo em sua vida como algo cuja profundidade ele podia sentir no próprio corpo.

Depois disso, Henri meditou sobre essa obra de Rembrandt durante vários anos[107]. Ele carregava consigo pequenas reproduções do quadro e as distribuía às pessoas que encontrava; em retiros, usava uma imagem ampliada dessa pintura; mostrava-a para todo mundo e pensava nela continuamente. Porém, por muitos anos, não conseguiu encontrar um modo de escrever sobre aquela cena que o havia arrebatado de maneira tão intensa. Não lhe ocorria esboçar nenhum livro novo.

Em 1987, quando sofreu um colapso emocional, psicológico e espiritual, Henri carregava consigo uma reprodução da pintura de Rembrandt. Da Comunidade Daybreak à Inglaterra, e de lá até Winnipeg, no Canadá, os dias se transformaram em semanas, e Henri contemplou

---
106 A parábola de Jesus sobre o filho pródigo é narrada em Lucas 15,11-32.
107 Nouwen, H. J. M. *A volta do filho pródigo* (p. 9-25, 28-31).

193

aquela imagem não só durante o dia, mas também nas longas noites que atravessou. Ela ficava sempre pairando à margem de sua consciência, mesmo nos momentos em que ele se deitava no chão, encolhido, choramingando.

Privado de seu senso de identidade e de segurança, Henri misteriosamente começou a enxergar a si mesmo no interior do quadro que vinha contemplando há tempos. Aos poucos, os *insights* começaram a surgir; entretanto, não emergiram todos de uma vez, tampouco de maneira simples. Sua identificação com o filho mais novo se aprofundou. Ele agora se sentia tão desamparado, perdido e carente quanto aquele rapaz, dominado por sentimentos de autorrejeição e de repulsa. Tentou sentir amor pelo moço. Na Inglaterra, seu amigo Bart Gavigan o encorajara a também olhar para si mesmo como o filho mais velho[108]. Henri era o primogênito de sua família, um filho obediente e fiel; no entanto, tinha de admitir que muitas vezes sentia seus ressentimentos fervilharem em seu interior e adotava uma postura moralista. Em seu anseio de liberdade e de um amor incondicional, sentiu inveja da coragem do filho mais novo, que ousou sair de casa e viver aventuras arriscadas, mesmo que o resultado delas não tenha sido positivo.

À medida que Henri começou a encontrar paz no interior de seu próprio corpo, na verdade que habitava dentro de si, sua amiga Sue lhe apresentou um novo *insight*: "Henri, quer você seja o filho mais novo ou o mais velho, você precisa compreender que é chamado a se tornar o

---

108 *Ibidem* (p. 28).

Pai"[109]. De repente, um período de mais de cinco anos de imersão no quadro de Rembrandt adquiriu um foco nítido.

Essas reflexões mais densas traziam à tona uma interpretação sobre o quadro da qual todos poderiam desfrutar, com seus próprios sentimentos espelhados naqueles dois filhos e no pai. Assim que recobrou a autoconfiança, Henri passou a oferecer retiros e palestras cujo tema era justamente o quadro de Rembrandt, numa tentativa de descrever sua própria vida por meio daquela imagem, a fim de que as pessoas pudessem, elas mesmas, acessar suas próprias experiências. A receptividade do público foi espetacular, e Henri se sentia estimulado sempre que tinha a chance de escrever com autoridade acerca da própria vulnerabilidade. Contudo, esse processo lhe consumiu um longo tempo. Embora aquelas novas ideias estivessem mais profundamente arraigadas, ainda foram necessários mais quatro anos até que o livro fosse publicado.

Tão logo terminou de escrever, Henri esboçou alguns títulos para a obra. O primeiro foi *A dreadful mercy* [Uma misericórdia amedrontadora], proposta da qual ninguém gostou. Em seguida, tentou *A dreadful love* [Um amor amedrontador], e logo depois *Canvas of love* [A tela do amor][110]. Henri resistia à ideia de dar ao livro um título homônimo ao quadro de Rembrandt ou à parábola de Je-

---

109 *Ibidem* (p. 30).
110 Os títulos infelizes que Henri concebeu para o livro recém-redigido encabeçam a primeira página do quarto rascunho de seu manuscrito (Nouwen Archives). • Em *Henri Nouwen and The Return of the Prodigal Son* (Earnshaw, 2020) são mencionados vários outros detalhes sobre a escrita dessa que é a obra mais famosa de Henri.

sus, pois a palavra *pródigo* lhe soava arcaica; além disso, sua intenção era alcançar um público mais amplo. No entanto, seus editores o convenceram de que um livro cujo título fizesse referência ao quadro e também à parábola teria boa receptividade entre os leitores.

A versão original de seu livro *A volta do filho pródigo* foi editada em 1992, com o subtítulo *Uma meditação sobre pais, irmãos e filhos*. Henri o dedicou a seu pai, que estava prestes a completar 90 anos. Porém, assim como aconteceu com *Cartas a Marc sobre Jesus*[111], que Henri escreveu para seu sobrinho e outros leitores jovens, e *Life of the beloved* [A vida de quem é amado], dedicado a judeus não religiosos, entre os quais estava um de seus amigos, *A volta do filho pródigo* não teve grande apelo em meio ao público visado pelo autor. A obra idealizada em torno do quadro de Rembrandt tampouco foi bem compreendida entre os adeptos do Movimento de Liberação Masculina, ocorrido nos anos 1990. Por outro lado, foi muitíssimo bem acolhida em meio ao clero e a pessoas envolvidas em buscas espirituais de todos os tipos.

Na segunda edição de *A volta do filho pródigo*, Henri alterou o subtítulo para *A história de um retorno para casa*.

･･●●･･

---

111 Loyola, 1999.

"Bem", reflete Henri agora, "é possível que meu livro sobre o trapézio alcance um público completamente diferente daquele que imagino". Porém, o fato é que, do momento em que o quadro de Rembrandt "explodiu" em sua vida até a efetiva publicação do livro, passaram-se nove anos.

"Relaxe", ele diz a si mesmo. "Você assistiu aos Flying Rodleighs em cena cinco anos atrás. Em algum lugar dentro de você, tudo está em movimento."

Henri então se dá conta de que tudo consiste em movimento. Diferentemente do que ocorre com um quadro, não há nada num número de trapézio que permaneça imóvel. Na verdade, na primeira vez em que assistiu a um ensaio dos Rodleighs, cinco anos antes, foram justamente o movimento e o dinamismo daquela apresentação que o cativaram.

Naquele número, eles tentavam fazer algo novo, algo absolutamente fascinante, pois se tratava de uma acrobacia dificílima, e eles não conseguiam executá-la. Era um salto que faziam a partir de uma plataforma; eles se balançavam de um lado a outro e, então, saltavam – Rod era quem realizava o salto, sendo apanhado por Joe, o portô que ficava na outra extremidade. Na sequência, Joe arremessava o corpo de Rod para muito alto, onde Jon Griggs estava pendurado. Ali, bem no centro do circo, Jon agarrava Rod e em seguida o lançava de volta para Joe. Na sequência, Rod e Joe retornavam juntos à plataforma[112].

---

[112] Nouwen, H. J. M. The Flying Rodleighs – The Circus (p. 8-9) (Nouwen Archives).

O empenho do grupo na execução correta do movimento comovia sobremaneira o íntimo de Henri – não tinha a ver apenas com o balanço do volante, mas com o rodopio de todos os trapezistas, que se valiam de seu próprio ímpeto e energia para nutrir uns aos outros. Enquanto subia, o volante confiava que seria apanhado pelo portô, o qual lhe daria novo impulso e então o lançaria na direção do outro apanhador. Confiança e risco, juntos, num movimento contínuo.

24

O frágil corpo de Henri tem uma contração involuntária e está, de fato, envolvido num risco físico. A sensação de perigo que ele tentara compreender no ano de 1992, na oficina conduzida por Bart, agora lhe parece comicamente teórica e totalmente abstrata, visto que seu corpo está prestes a ser suspenso no ar, no topo de um guindaste do corpo de bombeiros de Hilversum.

Henri ainda sente dores no peito, mas nada que seja alarmante. Não está preocupado. Isso tudo lhe servirá de alerta. Ele está sendo bem cuidado e tem apenas 64 anos. Chega a sentir um estranho alívio com o fato de que esta interrupção em sua vida tenha acontecido aqui, em sua terra natal, de modo que seu pai e irmãos tenham a possibilidade de lhe fazer companhia.

Ele sente uma onda de euforia no momento em que seis bombeiros uniformizados o cercam, levantam a maca e o carregam na direção do *hall*. "Isso é impressionante: uma equipe de resgate habilidosa e bem-treinada fazendo os preparativos para meu voo", ele pensa maravilhado.

Quando assisti aos Flying Rodleighs pela primeira vez, tive a sensação de que eles expressavam ali um de meus anseios mais profundos: o de ser totalmente livre e totalmente seguro[113].

---
113 Nouwen, H. J. M. Letter to Bart Gavigan, 2.12.1994 (Nouwen Archives).

Henri tem a sensação de estar em grande segurança. *Acho fascinante como essa arte só pode ser eficaz quando todos os membros do grupo estão totalmente concentrados ao interagir uns com os outros. O tempo todo, precisam estar conscientes da exata posição de cada um. Só assim pode haver harmonia. A beleza da comunhão humana ganha visibilidade nesse número de trapézio*[114].

.. • ● • ..

Frank Hamilton leu os registros de 1992 no diário do amigo Henri, nos quais este relata ter conduzido um *trailer* na viagem com os Flying Rodleighs. Isso deixou Frank assustado[115]. Ele sabia que Henri não era um motorista atento. Na verdade, Henri era famoso por seu precário desempenho no volante. Os registros no diário apontavam que ele dirigira em meio a cidadezinhas e estradas escuras à uma da manhã.

Então, em 1993, quando ficou sabendo que Henri planejava um novo encontro com os Flying Rodleighs, Frank lhe perguntou:

---

114 Henri em entrevista concedida a Jan van den Bosch para o documentário *Henri Nouwen: The Passion of a Wounded Healer* (EO Television, 2006).

115 O relato da ocasião em que Frank se disponibiliza a acompanhar Henri em sua visita aos Flying Rodleighs, em junho de 1993, está registrado em "Interview with Frank Hamilton", uma entrevista concedida a Sue Mosteller em 1º de novembro de 2005, como parte do projeto Henri Nouwen Oral History. A entrevista em áudio e a respectiva transcrição estão disponíveis no centro de pesquisa Nouwen Archives.

– Henri, você está indo para a Alemanha em junho, certo? Posso ir junto?

Henri ponderou a respeito. Ele já começava a considerar os Rodleighs parte de sua família. Será que daria certo estar acompanhado de um amigo nesta nova visita?

– Por quê? – perguntou Henri.

– Porque talvez eu possa ajudá-lo na tarefa de dirigir – ofereceu Frank. Ele era um amigo de longa data, capelão do exército estadunidense.

Henri não precisou de tempo para se decidir.

– Sabe de uma coisa? Acho que seria bom! Com você no volante, eu poderia relaxar, e seria divertido viajarmos juntos. Sinto-me seguro ao seu lado.

Henri começou a conceber uma nova versão para seu projeto relativo ao trapézio: um romance, um livro lindamente ilustrado com fotografias. Ele e o fotógrafo Ron P. van den Bosch se conheciam havia mais de vinte e cinco anos e tinham sido parceiros na produção de vários livros, mas Ron ficou perplexo por Henri ter mencionado a possibilidade de uma nova parceria justamente durante um encontro de família, logo após um funeral na Holanda. Depois de se despir de seus paramentos de padre, e antes mesmo de tomar um café ou comer um sanduíche, Henri, afoito, perguntou a Ron se ele tinha algum plano para o início de junho, dali a algumas semanas. Quando Ron respondeu que estava disponível, Henri lhe explicou seu plano: gostaria que o amigo se juntasse a ele na Alemanha, para fotografar artistas do trapézio num circo itinerante. Impressionado com a rapidez com que Henri conseguira desligar o foco de sua atenção no funeral, direcionando-a para outro assunto, Ron deu um gole em seu café e levou um tempo para responder. A situação o fez lembrar de filmes em que gângsteres faziam acordos e fechavam negócios durante sepultamentos[116]. Porém, os olhos luminosos e o enorme entusiasmo de Henri eram irresistíveis.

Passei a conhecer intimamente a vida e a rotina dos trapezistas. Fiquei sabendo de que modo Rodleigh, sua esposa, sua irmã e seus amigos se relacionavam. Passei a conhecer os riscos envolvidos na atividade a que se dedicavam. Descobri que tudo o que envolve aquele número pode ser complicado – a montagem da estrutura, os preparativos, o figurino, a música de fundo. O breve número de dez minutos representava uma vida inteira, e o que ocorria nesse ínterim era, de fato, o resultado de uma vida de trabalho, de planejamento mental, de compromisso e de entusiasmo. Eu ficava absolutamente fascinado. Tudo o que eu queria era conhecer aquilo por dentro[117].

Os Flying Rodleighs aceitaram de imediato a proposta de Henri de lhes fazer uma nova visita. Não se surpreenderam com o fato de Henri ter escolhido uma temporada em que eles se demorariam um pouco mais numa mesma cidade, de modo que ele poderia se hospedar num hotel local em vez de seguir com a trupe pela estrada dirigindo um *trailer*.

---

116 Conforme *e-mail* enviado a Henri por Ron em novembro de 2020.
117 Henri em entrevista em inglês para o documentário *Angels Over the Net* (versão não editada). Com exceção da primeira frase, a citação também consta na versão final do documentário.

Henri e Frank chegaram juntos à Alemanha em junho de 1993. Rodleigh e os demais membros da trupe acolheram Henri como se ele fizesse parte da família, contentes em vê-lo numa explosão de entusiasmo. Porém, Rodleigh sentiu que estava em ligeira desvantagem, quando constatou que Frank sabia muito mais sobre os Flying Rodleighs do que o grupo sabia desse amigo de Henri. Logo depois, Ron chegou e também cumprimentou os trapezistas como se fossem velhos conhecidos. Ficou evidente, ali, que Henri gostava de falar sobre a trupe[118].

Henri lhes expôs seu plano: Ron tiraria uma série de fotos em alta resolução para ilustrar o novo livro. Enquanto Ron registrava imagens da trupe cuidando do *rigging*, Rodleigh reparou que o fotógrafo, em meio a toda sua empolgação, não percebia que os trapezistas poderiam ter dificuldade para agir naturalmente diante de uma câmera apontada para eles. Assim como Henri, aqueles amigos trazidos por ele tampouco se davam conta do impacto que exerciam sobre as pessoas.

Henri vibrava com orgulho. Rodleigh teve a impressão de que ele parecia ainda mais comovido ao assistir novamente ao número de trapézio, agora que tinha com quem compartilhar o que sentia. Henri levou Frank e Ron ao tradicional encontro pós-apresentação, regado a chá e biscoitos; ali, Henri e os membros da trupe tiveram a chance de se inteirar das novidades ocorridas nos últimos meses. Ele ficou contente ao saber que Karlene já tinha voltado a atuar, recuperada do estiramento abdominal que sofrera.

---

118 Stevens, R. What a friend we had in Henri (p. 19-22) (Nouwen Archives).

Rodleigh mostrou a Henri um vídeo gravado em Roma, numa apresentação em que deu uma cambalhota tripla, um movimento que o Circo Barum não lhe permitia fazer devido à altura da tenda. Henri adorou a beleza do movimento, ao qual assistiu várias vezes, em câmera lenta.

Quando Henri, Frank e Ron foram embora, já era tarde, e o silêncio reinava na área do circo. Rodleigh conseguiu ouvir a animada conversa dos três enquanto caminhavam de volta para o hotel.

– O que vocês acham? – quis saber Henri, curioso, enquanto eles caminhavam. – Não sei por que não consigo engrenar no ritmo deste novo livro. Na opinião de vocês, qual é o segredo do meu encanto pelos Flying Rodleighs?

Frank e Ron caíram na gargalhada.

– Bem, talvez, e só talvez, pelo fato de eles serem pessoas surpreendentemente lindas, Henri! – disse Frank rindo.

– Por acaso você reparou que eles têm um físico maravilhoso? – Ron acrescentou.

Henri refletiu por um instante nesse comentário e respondeu:

– Acho que, assim como o Cirque du Soleil®, eles proporcionam ao público uma experiência sensual. Mas, comparando os dois, gosto muito mais da *performance* dos Flying Rodleighs.

– Claro – devolveu Frank. – Faz sentido. Você admira os corpos deles e o número de trapézio que apresentam, mas também se aproximou do grupo o suficiente para ter contato com as ideias, e talvez até mesmo a alma, de cada um. Isso os torna gente de corpo e alma; para você, eles são pessoas de verdade, não apenas uma fantasia.

— A criação artística deles é linda — comentou Ron —, especialmente o modo como interagem.

Henri respondeu entusiasmado:

— Sim! Mas, ainda mais do que isso, tem a ver com o modo como me convidaram a conviver com eles. Não são pessoas religiosas, mas percebo neles uma fome espiritual que não conseguem expressar em palavras. E, quando os vejo fazendo acrobacias no ar, entro em contato com uma fome dentro de mim que também não sei expressar[119].

No dia seguinte, Frank e Ron rasgaram elogios a Jennie pelo almoço preparado por ela, enquanto Henri estava tão entretido descrevendo a vida dos trapezistas que mal conseguia perceber quais foram os pratos servidos na refeição[120]. Nos dias que se sucederam, os três assistiram a todas as apresentações, desfrutaram das visitas que fizeram a cada integrante da trupe e tiraram inúmeras fotos.

Certa tarde, Henri pediu a Ron que tirasse uma foto sua junto de Frank e da trupe. Sem que Henri percebesse, Rodleigh fez um gesto com as mãos, sinalizando aos colegas de trapézio que o erguessem e o apoiassem em seus braços, na horizontal.

---

[119] Trecho adaptado de "Interview with Frank Hamilton", entrevista concedida a Sue Mosteller.
[120] Stevens, R. What a friend we had in Henri (p. 22) (Nouwen Archives).

— Olhem só para ele, feliz como um imperador romano que recebe uvas de seus criados! — brincou Rodleigh. — Se Henri fosse um gato, ele estaria ronronando!

Por ironia do destino, as fotos não puderam ser reveladas, e Henri implorou a eles para que, no dia seguinte, repetissem a pose para um novo registro no qual ele se mostrasse tão relaxado e encantado quanto no primeiro clique.

25

O ponto alto daquela visita, em 1993, deu-se em 6 de junho, quando Henri aceitou o convite de Rodleigh para se balançar no trapézio. Receoso, Henri reparou que os degraus da escada de cordas que dava acesso à plataforma pareciam desiguais, com espaços diferentes entre um degrau e outro. Porém, sua hesitação não durou muito tempo: mostrando coragem, começou a subir enquanto um assistente da trupe segurava a corda para minimizar o balanço da escada. Concentrado e de olhos arregalados, Henri escalou a escada cuidadosamente, vestindo calça social e usando sapatos com solado de couro. No topo da plataforma, Karlene o ajudou a alcançar o pedestal. Daquele ponto, que oferecia uma vista privilegiada, ambos observaram Rodleigh ensaiar um duplo *layout* de Jon para Joe, os quais testavam a altura a ser alcançada por Rodleigh. "Rod precisa ser lançado numa altura que permita a Joe apanhá-lo", explicou Karlene[121].

Agarro-me ao pedestal sentindo mais medo do que o necessário. Aquele é um lugar seguro, mas, mesmo assim, sinto-me um pouco tenso quando olho lá embaixo, por entre a rede, e vejo os visitantes daquela manhã de domingo

---

121 Nouwen, H. J. M. Anotações manuscritas, registro de 6 de junho de 1993 em seu caderno intitulado "Flying Rodleighs Technical Description of the Trapeze Act Circus Barum 1992", não publicado (Nouwen Archives).

em seus assentos. Terminado seu ensaio com Jon, Rodleigh volta ao pedestal, amarrado a seu cinto de segurança. Karlene coloca um cinto de segurança em minha cintura, e Rodleigh me engancha nas cordas. Ele polvilha minhas mãos com o breu e pede que eu segure a barra do trapézio. Tenho a sensação de estar correndo um grande risco, já que a barra fica a uma distância razoável do pedestal. Rodleigh me diz: "Não precisa ter medo. Vou ficar segurando você e só vou soltá-lo do pedestal quando você estiver segurando firmemente na barra, com as duas mãos".

Ele me passa as instruções: "Mantenha as pernas esticadas enquanto estiver balançando. Não dobre os joelhos. Quando estiver pronto para cair na rede, espere até eu dizer "Pule!" Então, solte as mãos e mantenha as pernas erguidas, assim você cairá na rede na posição de sentado.

Seguro a barra com uma das mãos. Rodleigh se coloca em pé atrás de mim e me abraça pela cintura. Em seguida, coloco a outra mão na barra: "Mantenha os braços esticados", diz Rodleigh. Ele então ergue meu corpo, soltando-me do pedestal.

É uma sensação maravilhosa a de balançar sob a tenda do circo. Não sinto medo. Só balanço, para a frente e para trás. Ron se posiciona na plataforma junto ao mastro principal e tira algumas fotos. Depois de eu ter balançado algumas vezes, Rodleigh anuncia: "No próximo balanço, você vai largar a barra". Instantes depois, ordena: "Pule!" Largo a barra, ergo os pés e caio na rede, que estava mais perto do que eu imaginava. Segurando as cordas atadas ao meu cinto de segurança, Joe fez com que a queda pa-

recesse ainda mais suave. Eu me deito na rede de barriga para cima. As pessoas na "plateia" aplaudem e riem.

Rodleigh adorou ver Henri na plataforma, quase explodindo de entusiasmo; também achou interessante a autoconfiança mostrada pelo amigo. A maioria dos novatos fica temerosa, mas Henri não parecia ter medo de altura: tudo o que ele queria era agarrar a barra do trapézio e se balançar. Rodleigh deu a Henri explicações detalhadas sobre o que era preciso fazer, sobretudo quanto aos cuidados que garantiriam uma aterrissagem segura na rede. Henri assentiu com a cabeça, confirmando que entendia as instruções. Analisando em retrospectiva, Rodleigh percebeu que deveria ter sido alertado pelo tolo sorriso de Henri de que, na verdade, aquele iniciante não estava assimilando nada do que lhe era dito. No fim, o uso do cinto de segurança revelou-se uma decisão acertada.

Quando Henri deixou a plataforma, seus olhos se arregalaram ainda mais. Rodleigh se perguntava se a arfada involuntária que ele deu era uma expressão de medo ou um chamado urgente feito a seu anjo da guarda, que devia estar tendo bastante trabalho para protegê-lo – pelo menos assim pareceu. A reação de Henri ao comando de Rodleigh para largar a barra deixando-se cair na rede foi lenta demais e, em vez de cair na posição de sentado, Henri abaixou os pés. Segurando firme na corda atada ao cinto de segurança, Joe sustentou o peso de Henri. Em seguida, foi soltando a corda aos poucos, permitindo que a gravidade completasse o trabalho de aterrissagem, que de graciosa não tinha nada. Henri não fazia a menor ideia de que sua queda havia passado longe da perfeição. Rodleigh comentou que o sorriso de Henri era tão largo que, não fosse pelas orelhas, seus lábios lhe teriam chegado à nuca! Henri se colocou em pé, hesitante, e tentou caminhar. A rede balançava. Seus pés se moviam numa rapidez maior do que a de seu corpo. Quando parecia que ele seria catapultado para fora da rede, Joe forçou a desaceleração de seu movimento puxando as cordas que o prendiam a seu cinto de segurança. Henri tentou se virar, mas as cordas do cinto se emaranharam, de modo que ele precisou se virar para o outro lado. Então, à medida que era puxado pelas cordas, Henri começou a "negociar" seu trajeto de volta – um percurso de quase doze metros – aumentando a velocidade de modo involuntário, o que provocou risos nos colegas. Os risos se transformaram em gargalhadas quando Joe, num gesto de travessura, relaxou um pouco as cordas que Henri usava para se manter equilibrado, ao que o novato aterrissou de maneira nada cerimoniosa sobre as próprias costas, com as pernas magras agitando-se acima de seu corpo. Até mesmo Henri se deu conta de como aquela cena era cômica. O clima que a envolvia era de pura leveza, o tipo de cena que fica gravada na retina de todos. Rodleigh considerava aquilo tudo um tesouro: as gargalhadas e a amizade, Henri com seu perene sorriso no rosto enquanto era "pousado" na rede após o longo balanço no trapézio[122].

Rodleigh me convidou a fazer uma segunda tentativa. Subo novamente pelas escadas até o pedestal, sou erguido e solto por Rodleigh, balanço e caio na rede. Somente tempos depois, pude perceber que não aproveitei a opor-

---
122 Stevens, R. What a friend we had in Henri (p. 22) (Nouwen Archives).

tunidade para dar mais impulso e me balançar mais alto, fazendo alguns movimentos mais amplos. Eu logo me senti realmente cansado e percebi que minha ansiedade, aliada a meus músculos "enferrujados", impediu-me de fazer uma terceira tentativa.

Já de volta ao hotel, Henri começou a trocar ideias e sugestões para seu livro com Ron e Frank.

– Gosto muito deles, Henri – disse Frank. – Acho que eles apreciam demais estar ao lado de uma pessoa como você, e não porque estejam impressionados com as suas credenciais[123].

Henri concordou:

– Eles são maravilhosos, curiosos, são pessoas lindas. Estar com eles também é ótimo para mim. Tê-los encontrado fez com que eu sentisse meus pés mais firmes no chão, algo parecido ao que experimentei junto de Adam em Daybreak. Na companhia deles, tenho uma espécie diferente de apoio emocional. E também posso lhes oferecer algo diferente. – Henri apanhou seu caderninho preto, de capa dura, e se acomodou numa poltrona para fazer anotações. – O que vocês acham? O que devo dizer em meu livro? – perguntou.

– *O número do trapézio é uma espécie de ícone russo, que, ao distorcer o mundo natural, convida o espectador a entrar num universo espiritual* – respondeu Frank[124].

---

123 Trecho adaptado de "Interview with Frank Hamilton", entrevista concedida a Sue Mosteller.

124 A citação em itálico nessa troca de ideias entre Ron e Frank, sobre o livro de Henri, está registrada num caderno intitulado "Notes by Frank", iniciado por Nouwen em 1992 e que permanecia ativo em 1993. Estampando na capa o título "Circus Barum, Diary, Notes", esse caderno integra o acervo do centro

Começaram a se referir ao número de trapézio por meio de termos míticos. Os homens (Rodleigh, Jon e Joe) eram *belos, graciosos, com corpos bem esculpidos, fotogênicos e fortes; em seus voos, apanhavam uns aos outros e também formosas donzelas*. Além disso, *salvavam-se mutuamente de perigos, de quedas e da morte*.

Porém, os membros da trupe não eram apenas míticos; também eram indivíduos singulares. Se Henri quisesse escrever de um modo mais criativo, teria que caracterizar com intensidade a vida de cada um dos personagens, recorrendo a detalhes bem específicos. Ele seguiu fazendo anotações, agora sob o título *Pessoas verdadeiras*. Começou por Jennie: *Ela transforma o* trailer *que divide com Rod num lar aconchegante, limpo e confortável. Nunca se entrega ao ócio; está sempre desenhando estampas complexas para o figurino do grupo, os quais costura à mão usando lantejoulas.*

Tanto para Henri quanto para Frank e Ron, Rodleigh era uma representação da *integridade* e da *inteireza*. Karlene, irmã de Rodleigh, foi identificada como *sobrevivente* de algumas experiências ruins, e agora assumira múltiplos papéis, na condição de mãe e provedora de Kail.

Frank comentou *a hospitalidade, a generosidade e a postura atenciosa* da trupe. Seguiram fazendo registros

---

de pesquisa Nouwen Archives. Nesses registros, Henri algumas vezes identifica o falante como Ron ou Frank. Este último confirmou que minha reconstituição da conversa entre eles, registrada nas anotações de Henri, descreve com exatidão a cena que ocupa sua memória. É provável que, em seu comentário inicial, Frank estivesse se referindo ao livro de Henri sobre ícones católicos, intitulado *Behold the Beauty of the Lord: Praying with Icons* (Ave Maria Press, 1987).

sobre o *físico* dos homens trapezistas: *Rod, Jon + Joe – Belo, corpo bem formado – Forte, rostos bonitos e vívidos.* Eles se divertiam. Frank recorria a itens de cardápios para compor a descrição do estadunidense Jon: *corte de cabelo à escovinha, achando-se a mais pura combinação de soro de leite nutritivo e pão de milho. Tem um quê de presunto: adora ser fotografado.* Sobre Joe, Frank comentou: *Joe, você é maravilhoso.* Todos assentiram com a cabeça. Havia algo em Joe que os comovia. *Cabelos escuros e ondulados, covinhas profundas, brincos de turquesa, gagueira. Baixa estatura, mãos e braços rechonchudos, musculoso, gracioso,* anotava Henri, que então perguntou:

— Mas como expressar a natureza profundamente espiritual dessa experiência?

Os três amigos refletiram juntos a respeito disso. Dali a instantes, já se mostravam empolgados por ter encontrado maneiras de descrever aquela *performance* de grande intensidade corporal. Ron comentou:

— *É como se fossem pessoas fazendo amor! Pense nisto: corpos colados, harmonia, precisão. Eles interagem no ar como amantes que estão se divertindo.*

— Sim! – acrescentou Frank. – *Como quando se faz amor no paraíso!*

E ao fim – Ron completou –, *todos os participantes discutem as falhas!*

Eles quase caem de suas cadeiras de tanto rir. Henri, anotando rapidamente todos os comentários, não conseguia imaginar como seu livro poderia expressar todo aquele clima de alegria, mas o que não lhe faltava era vontade de conseguir concretizar isso.

26

Foi somente em novembro de 1993 que Rodleigh conseguiu reencontrar Henri, o qual lhe fez uma breve visita acompanhado de Ron e de Marieke, filha do fotógrafo. Atado com firmeza a um cinto de segurança, Henri divertiu a todos com seus peculiares movimentos no trampolim. Então, devorou o farto almoço oferecido por Jennie, não sem se mostrar preocupado com o fato de Rodleigh estar correndo riscos excessivos na criação do novo número. Mesmo sabendo que a vida dos artistas itinerantes do circo envolvia mudanças o tempo todo, exigindo atenção e versatilidade, Henri se indagava sobre como Slava, a nova integrante da trupe, se encaixaria naquele número, e também se aquela nova configuração influenciaria de algum modo a pesquisa que ele vinha fazendo e o livro que escrevia. Henri pernoitou no sofá do *trailer* de Jon e partiu pela manhã. "Uma breve visita e, uma vez mais, uma carinhosa despedida", refletiu Rodleigh[125].

Na primavera seguinte, quando Henri lhe enviou um exemplar do livro *Nossa maior dádiva*, Rodleigh torceu para que o amigo nunca soubesse que os livros que lhe dera jamais foram lidos[126]. Não que a Rodleigh tivesse

---

125 Stevens, R. What a friend we had in Henri (p. 24-25) (Nouwen Archives).
126 *Ibidem* (p. 27).

faltado formação religiosa; muito pelo contrário. Ele e Karlene foram criados na Igreja Adventista do Sétimo Dia[127], uma denominação que considerava a vida circense, típica da contracultura, algo decadente. No entanto, o chamado que Rodleigh recebera para se tornar artista de circo era tão premente que, embora implicasse o abandono de sua crença religiosa, não podia ser recusado. Desde então, o líder da trupe mantinha uma distância prudente de crenças religiosas moralizantes que pudessem lhe incutir insegurança e culpa.

Mas Henri era diferente. Rodleigh estava curioso para saber o que o amigo escreveria, qual seria seu ponto de vista sobre o grupo. Olhando para o fino livrinho, em cuja capa dura prevalecia a cor bege, ele leu a carinhosa dedicatória escrita por Henri e logo desviou a atenção para as páginas indicadas na carta que acompanhava a publicação.

Certo dia em que eu estava no trailer *de Rodleigh, o líder da trupe, sentei-me ao seu lado e, então, conversamos sobre o trapézio. Ele me disse:*

— Como trapezista, preciso ter confiança total em meu portô. O público talvez ache que sou eu a grande estrela do espetáculo, mas, na verdade, a estrela é Joe, meu portô. Cabe a ele estar no lugar certo, com precisão milimétrica, para me apanhar em pleno voo quando dou um longo salto em sua direção.

— E como isso acontece? — perguntei.

---

[127] Transcrição manuscrita de Henri intitulada "Interviews with Karlene Stevens and Rodleigh Stevens, November 1991", não publicada (Nouwen Archives).

— *O segredo é este: o volante não faz nada; quem faz tudo é o portô. Quando eu voo na direção de Joe, tudo o que preciso fazer é esticar os braços e as mãos e esperar que ele as agarre, puxando-me com segurança por trás da barra do trapézio.*

— *Você não faz nada?!*

— *Nada. A pior coisa que o volante pode fazer é tentar se agarrar ao portô. Minha função não é me agarrar a ele. Joe é que precisa me apanhar. Se eu me agarrar aos pulsos dele, corro o risco de fraturá-los, ou mesmo fraturar os meus, e isso seria o fim para nós dois. A função do volante é dar o salto; a do portô é apanhar seu companheiro. E o volante, com os braços estendidos, precisa ter a confiança de que o colega estará lá esperando por ele.*

Enquanto eu ouvia Rodleigh dizendo aquilo com tanta convicção, vieram à minha mente as palavras de Jesus: "Pai, em tuas mãos entrego o meu espírito" [Lc 23,46]. Morrer significa confiar no portô. Cuidar dos que estão prestes a morrer significa dizer: "Não tenha medo. Lembre-se de que você é o filho amado de Deus. Ele estará ao seu lado quando você der seu longo salto. Não tente agarrá-lo; ele vai segurar você. Simplesmente estique seus braços e mãos e confie. Confie, confie[128].

Rodleigh nunca havia lido nada parecido. Olhou pela janela e observou a área do circo, matutando sobre aquelas palavras. Agarrar. Morrer. Depois de reler o trecho várias vezes, colocou o livro na estante, junto às outras

---

128 Nouwen, H. J. M. *Nossa maior dádiva.*

obras de Henri, e foi encontrar Jennie para comentar o que acontecera:

— O que Henri escreveu sobre nós em seu livro não é exatamente algo religioso; está relacionado a alguma coisa na qual existe muito mais liberdade; tem a ver com o modo como o espírito é capaz de voar.

Jennie ficou intrigada:

— Então, enquanto achávamos que você estava apenas ensinando a Henri o vocabulário usado no circo e no trapézio, na verdade também estava mostrando a ele uma nova maneira de perceber a própria fé?

— Até mais do que isso. Do mesmo modo que experimentamos novos movimentos em nosso número de trapézio, em seus livros e sermões, Henri experimenta essas novas imagens. É engraçado pensar nessas coisas. Eu me pergunto se isso tem sido tão estimulante e ousado para ele quanto nosso trabalho o é para nós.

27

Rodleigh tinha razão: Henri estava fazendo novas experiências, tentando encontrar sua voz de uma maneira nova e ousada à medida que buscava expressar os *insights* provocados por sua amizade com o grupo. Pouco depois de seu novo livro chegar às mãos de Rodleigh, Henri estava em Minneapolis, nos Estados Unidos, exibindo um largo sorriso no rosto enquanto apalpava a medalha que pendia de uma larga fita vermelha em volta de seu pescoço. A condecoração reconhecia as contribuições de Henri ao movimento internacional de aconselhamento e assistência espiritual e pastoral. Durante os longos aplausos que recebeu após a entrega da medalha, ele contemplou pensativo a plateia da reunião da Coalizão para o Ministério em Ambientes Especializados [da sigla inglesa COMISS], ponderando o que diria em seguida[129].

Discursando de improviso, Henri começou a descrever sua amizade com Adam. Contudo, queria também

---

[129] Em 3 de maio de 1994, na conferência "Dialogue '94: A Call to Partnership", em Milwaukee, Wisconsin, Henri recebeu uma medalha da Coalizão de Ministério em Ambiente Especializado (Comiss, na sigla em inglês), condecoração ofertada em reconhecimento a pessoas que proveem notável contribuição internacional nas áreas de assistência e aconselhamento pastorais e educação. A cerimônia, acompanhada do discurso de Henri, estão disponíveis em https://www.youtube.com/watch?v=9hHB0Ph6eKc

dizer algumas palavras sobre o conceito de comunidade. Portanto, começou a compartilhar a experiência que tivera com os Flying Rodleighs.

– *Amo muito esses artistas do trapézio!* – exclamou. – *O grupo é composto por três volantes e dois portôs. Vejam bem, são três volantes que dão saltos triplos incríveis!* – Afoito na tentativa de transmitir ao público uma amostra da energia daquele número de trapézio, Henri, todo animado, girou os braços, quase fazendo com que sua medalha derrubasse o microfone. – *É melhor eu ter cuidado aqui* – advertiu a si mesmo, provocando risos.

"Eu me pergunto se estas pessoas se dão conta de que o portô não fica apenas à espera do volante", Henri pensava consigo mesmo. Antes de seu encontro com os Flying Rodleighs, ele não fazia ideia da complexidade do trapézio, das decisões e dos ajustes rápidos que cada artista precisava fazer a todo instante. "Como posso fazer com que elas consigam imaginar o espírito de equipe necessário para aquela *performance*?" Ele tentou corporificar sua descrição balançando o braço direito para ilustrá-la. *O portô se posiciona numa barra que fica em constante movimento. Enquanto isso, o volante parte do pedestal e dá todos aqueles saltos triplos.* Henri gira a mão esquerda pelo alto da cabeça e abaixa essa mão fazendo-a encontrar a mão direita, que voa à direita de seu corpo. Quando a mão direita encontra o pulso esquerdo, ambos em movimento, Henri lança um olhar de triunfo, fazendo a plateia rir e aplaudir o sucesso de sua demonstração.

E Rodleigh me diz: "Henri, você bem sabe que, para mim, como volante, a grande tentação é querer agarrar o portô. Ele estará lá, a postos. Tenho que confiar nisso. Quando começo meu salto triplo, preciso estender minhas mãos, esteja eu aqui", Henri faz uma pausa e se vira, esticando os braços, *"ou aqui",* ele faz uma ligeira rotação, *"ou então aqui",* muda novamente a posição de seu corpo. *Preciso confiar que ele estará lá, bem-posicionado",* Henri coloca novamente uma das mãos sobre o braço da outra, demonstrando os movimentos do número de trapézio, *"pronto para me carregar até o ponto mais alto da lona".* Exultante, Henri faz um grande arco movimentando seu braço direito.

– *É nisso que preciso confiar. Mas se eu começar a...* – ele opta por gesticular em vez de falar, esticando os braços à frente do corpo, enquanto tropeça e se vira de uma maneira atrapalhada – *... então corremos o risco de fraturar o pulso, e, aí sim, estaremos em apuros.*

Henri deu um amplo sorriso, enquanto a plateia, formada de ministros e cuidadores, levantava-se para aplaudir sua *performance*, a qual consistira numa bela descrição do que são confiança e trabalho de equipe.

Poucos meses antes, Henri fora convidado a dar uma palestra na Conferência da Rede Católica Nacional sobre Aids, em Chicago, no verão de 1994, época em que a doença já havia se tornado a principal causa de mortalidade entre jovens de 25 a 44 anos nos Estados Unidos[130].

---

[130] Para se ter uma ideia da dimensão da disseminação da Aids, cf. https://www.hiv.gov/hiv-basics/overview/history/hiv-and-aids-timeline • À época, vivendo o luto pela morte de amigos seus, Henri não demorou a se juntar a

Ao receber o convite enviado pelos organizadores da conferência, Henri hesitou quanto a participar do evento. Aceitou, mas logo mudou de ideia e declinou da proposta. Perguntava-se se era, de fato, a pessoa mais adequada para discursar para aquela plateia. O alto custo que sua participação lhe traria, no nível pessoal, o preocupava. Porém, sua ligação com os Flying Rodleighs não apenas lhe oferecia novas ideias, mas também o encorajava a mergulhar em algo novo e arriscado. Henri concordou em proferir o discurso de encerramento da conferência.

Já prestes a discursar, Henri se sentiu apreensivo. Durante toda a programação semanal, tudo havia corrido bem; mesmo assim, ele respirou fundo, esfregou as mãos suadas nas calças de veludo cotelê, olhou para a plateia de centenas de pessoas e começou:

Sou imensamente grato por ter passado toda esta semana aqui. Para começar esta partilha com vocês, gostaria de lhes descrever como tudo começou. Em 1981, encontrei-me com Jean Vanier, a quem eu ainda não conhecia. Fundador da comunidade L'Arche, voltada a pessoas com deficiência mental, Jean olhou para mim e percebeu que eu não estava muito feliz, que havia em mim uma ansiedade e uma busca por algo novo. Mas eu não sabia o que era. Então, ele disse: "Talvez o meu pessoal tenha um lar para você. É possível que eles tenham algo a lhe oferecer, algo de que você realmente precisa". Demorei algum tempo para dar ouvidos àquelas palavras, mas, em

---

associações voltadas ao tratamento da Aids e a prestar assistência a pessoas por elas atendidas. Cf. Nouwen, H. J. M., & Earnshaw, G. (ed.) *Love, Henri* (p. 112-113).

1986, finalmente abandonei a vida acadêmica e me juntei à Comunidade L'Arche. E, desde que cheguei lá, minha vida tem sido muitíssimo diferente, radicalmente diferente, diferente de uma maneira assustadora.

Em 1991 ou 1992, conheci um outro homem, chamado Rodney DiMartini (Diretor-Executivo da Rede Católica Nacional sobre Aids). Olhando para mim, ele também disse que eu não parecia muito feliz[131].

Esta última frase arrancou risos da plateia. Tomado pela coragem, Henri prosseguiu:

Na opinião dele, eu talvez estivesse me sentindo aflito em relação a algumas coisas, parte das quais certamente lhe interessava.

O público o aplaudiu, e ele respondeu com um sorriso.

Ele me disse: "Henri, talvez nosso pessoal tenha algo a lhe oferecer, algo de que você realmente precisa". É um tanto humilhante se deparar constantemente com pessoas que dizem achar que lhe falta algo.

Assim, alguns anos depois, finalmente respondi: "Bem, talvez". Mas antes disso, minha resposta foi "não". Então, eu disse "sim". E novamente "não". Ao que Rodney me falou: "É melhor que você diga 'sim' de uma vez por todas". Portanto, aqui estou.

A meu ver, minha presença nesta conferência é um pouco como estar prestes a dar um salto na direção de algo

---

[131] Todas as citações do discurso proferido por Henri nessa conferência têm como fonte a gravação em áudio intitulada "As I Have Done So You Are Called to Do", de 26 de julho de 1994 (Nouwen Archives). Uma versão abreviada desse discurso foi transcrita em Nouwen, H. J. M. (1998). Our Story, Our Wisdom. *In*: Dear, J. (ed.). *The Road to Peace* (p. 175-183).

desconhecido – um desconhecido um pouco assustador, pois não sei quais serão os desdobramentos disso.

Estimulado pela receptividade da plateia, Henri tentou explicar o senso de expansão que vinha experimentando:
Talvez eu tenha vivido uma vida inteira ultrapassando e destruindo os limites que me eram colocados, e, para mim, era aterrorizante perceber, a cada vez, um novo limite vir abaixo. Então, reconheci: "Ok. De início, talvez eu tenha encontrado segurança na vida comunitária, na igreja, no seminário ou mesmo em minha família, até que... Ploft, ploft, ploft... Todos os limites foram desabando, todas aquelas pequenas cercas e portões começaram a cair. Quando eu menos esperava, descobri que o descrente bem pode acreditar mais do que o crente, a pessoa que está do lado de fora pode ter algo a ensinar a quem está dentro. De repente, a diferença entre católicos e protestantes, entre cristãos e budistas, entre religiosos e não religiosos deixou de ser o que eu imaginava.

Quando cheguei a Daybreak, a comunidade em que vivo hoje, eu me dei conta de que simplesmente não havia distinção nenhuma entre quem tem e quem não tem deficiência. Percebi que eu só era capaz de amar quem era acometido por alguma deficiência porque eu mesmo o era; eu só conseguia estar próximo às pessoas que sofrem porque, de algum modo, elas me revelavam o meu próprio sofrimento.

De forma inesperada, vem uma enfermidade e desfaz todas as diferenças entre masculino e feminino, jovens e velhos, casados e celibatários, brancos e negros, diferenças essas que me pareciam relevantes. Fazemos distinção en-

tre homossexuais, bissexuais, pessoas assexuadas, ou entre casados e transgêneros... Nunca ouvi tantos adjetivos! A plateia vibrava e aplaudia.

Parece-me que, na verdade, essas diferenças não têm tanta importância assim. Casado, celibatário, solteiro... Você pode ser o que for, mas estamos juntos; a Aids faz com que nos aproximemos. Eu lhes digo que para mim – e creio que, em certos casos, para vocês também –, os limites estão sendo derrubados, e às vezes ficamos aflitos, perguntando: "E agora, qual é o momento de pôr um basta? O sinal de 'Pare' deve ser colocado aqui ou ali?" De repente, o momento já é outro, e você se dá conta de que seu coração está expandindo de forma irrefreável.

Henri prosseguia, descrevendo o paradoxo com que se deparara: o amor e a intimidade no âmbito da comunidade podem, de modo surpreendente, revelar uma profunda solidão interior. Porém, sofrimento e alegria não estão separados; ambos estão sempre dentro de nosso corpo. Henri afirmou com ousadia: *"Portanto, simplesmente comecem a viver!"*

Analisando os comentários feitos por vários amigos que encontrara naquela semana, Henri decidiu contar ao público sobre os Flying Rodleighs. E fez isso de modo comovente.

Para concluir estas reflexões, quero lhes contar uma breve história. Há algum tempo, meu pai, à época com 88 anos, foi me visitar quando eu estava na Alemanha. Ele tinha vontade de fazer algo divertido, então eu lhe disse: "Vamos ao circo".

Chegando lá, vimos que havia cinco artistas do trapézio, quatro sul-africanos e um estadunidense. Partindo do alto de seu pedestal, eles dançavam no ar, o que me fez confessar ao meu pai: "Acho que errei na vocação. Isso aqui é o que eu sempre quis! É o que eu sempre desejei fazer. Voar!"

Comentei com ele: "Durante o intervalo, você pode ir ver os animais; eu vou lá atrás falar com aqueles artistas". Ao encontrá-los, falei: "Ei, rapazes, vocês são simplesmente fantásticos!" De repente, eu me transformara num fã de 16 anos de idade olhando para aqueles enormes rapazes em seus 30 anos.

Eles responderam: "Bem, você gostaria de vir assistir ao nosso ensaio amanhã?" Respondi: "SIM! Quero vir!"

A plateia suspirava arrebatada enquanto Henri interpretava a cena que descrevia. Ao cuidar das pessoas que, dia após dia, se percebiam diante da morte, Henri se sacrificava para lhes transmitir inspiração e coragem. Ele notou que o significado espiritual de voar e de ser apanhado no ar não se limitava a morrer, mas a viver. Tinha relação com o impressionante senso de comunidade que ele não só vivenciara naquela semana na Rede Nacional Católica sobre a Aids, como percebia corporificada bem à sua frente. O portô lhe oferecia uma imagem equivalente à da morte, mas aquilo tudo também remetia à beleza e à habilidade artística de voar e de apanhar uns aos outros, dia após dia.

Havia uma imagem que Henri não conseguia apagar de sua mente: o momento no qual o voante precisava desapegar de tudo e voar em pleno ar, confiando que o portô estaria do outro lado no exato instante em que se faria necessário. Durante aquela semana inteira, Henri ouviu dizer que todos os participantes da conferência estavam envolvidos naquele evento, manifestando amor disciplinado, correndo riscos, desapegando-se, confiando e "apanhando uns aos outros". De tudo o que ele aprendera com Rodleigh, aquela era a parte essencial.

"*A única coisa que eu preciso fazer*", Rodleigh me disse, "*é estender meus braços. Tendo feito isso, é só confiar que meu companheiro estará lá para me apanhar*".

Temos que amar uns aos outros pautados nesse tipo de confiança. Vocês e eu estamos fazendo inúmeros voos, e desejo que a gente ainda consiga voar muito mais, realizar muitas acrobacias e muitos saltos, inclusive saltos triplos. Será lindo de se ver. Vocês serão muito aplaudidos, e isso é ótimo. Divirtam-se! Mas, lembrem-se: no fim das contas, trata-se de confiança. Confiem ao dar um salto triplo. Tenham a certeza de que o portô estará do outro lado, à sua espera.

A plateia ficou em silêncio durante breves segundos, assimilando a imagem que Henri acabara de descrever. Então, todos o aplaudiram demoradamente.

28

No corredor do Hotel Lapershoek, Henri já não tem mais a menor noção do tempo. Desde quando vem sendo transportado? Quando a maca para de se mover, ele se dá conta de que ali começa uma nova fase da operação de resgate. Nesse momento, sente uma brisa refrescante.

Através da ampla janela aberta, Dennie cumprimenta o bombeiro que, posicionado em pé na caçamba do guindaste, maneja os botões que controlam o movimento da caçamba e do braço do guindaste. Com a cabeça voltada para a janela, Henri não consegue ver Dennie, que então lhe explica quais serão os próximos passos.

"Vamos deixar a maca apoiada no batente da janela. A pessoa que está no comando dos movimentos da caçamba vai ajudar a posicionar a maca dentro dela com segurança. Sua cabeça é que passará primeiro pela janela."

Primeiro, a cabeça. Essa imagem faz com que Henri se pergunte se sempre entrou de cabeça nas coisas. Durante toda a vida, seu pai deu valor a pessoas inteligentes e estimulou Henri a se aprofundar no conhecimento intelectual[132]. Porém, neste momento, não há nenhuma separação entre seu pensamento e seu corpo; queira Henri ou

---

[132] Volta e meia, Henri fazia comentários sobre o especial apreço que seu pai tinha por pessoas inteligentes, pelos livros e por análises intelectuais.

não, ele está prestes a passar através de uma janela. Seu corpo está bem envolvido por lençóis e cobertores e há alças prendendo-o à maca. E, o mais importante de tudo: ele não está sozinho.

Com movimentos cautelosos, os bombeiros empurram a maca sobre o batente da janela, na direção da caçamba presa ao guindaste. De repente, a cabeça de Henri está a céu aberto. O atrito da maca ao deslizar pelo chão da caçamba produz um som metálico. Dennie, em pé ali perto, ainda não atravessou a janela. Henri olha para fora e vê o bombeiro controlando a caçamba. O bombeiro acena com a cabeça para Henri e então se agacha para posicionar a maca e fixá-la corretamente. Henri ouve o clique da maca sendo encaixada nos ganchos.

"Sua maca já está firmemente presa", diz Dennie enquanto atravessa a janela e sobe na caçamba, posicionando-se em pé ao lado de Henri. "Você não precisa fazer nada." Henri tem a sensação de que está bem firme, mas a situação toda é perturbadora. Dennie parece adivinhar os pensamentos dele e o reconforta: "Estou aqui junto de você".

O dia está nublado, e a brisa varre o rosto de Henri. Neste instante, ele realmente está no ar. Henri pisca como que ofuscado pelo reflexo das nuvens cinza acima de sua cabeça e tenta se lembrar das palavras que escreveu sobre confiança, na carta que enviou a Bart Gavigan:

Um dos movimentos do número de trapézio que me emocionam muito é o salto longo. Nele, o volante voa percorrendo toda a extensão do circo, com braços e mãos estendidos, para ser agarrado pelo portô que se balança na

barra móvel. Fiquei muito impressionado ao ouvir de Rodleigh estas palavras: "Ao fim do voo, tenho que estender as mãos e confiar que um dos portôs estará do outro lado, pronto para me apanhar. O pior erro que posso cometer é tentar apanhar meu companheiro". Pensei nessas palavras como um meio de expressar o desafio humano de confiar no próximo, de confiar em Deus, de confiar no amor, de confiar que, no fim das contas, estaremos em segurança[133].
Henri fecha os olhos, e sua mente torna a flutuar para longe.

.. • ● • ..

No verão de 1994, Henri chega à conclusão de que a melhor maneira de conquistar o público é filmando um documentário com os Flying Rodleighs[134]. Olhando em retrospectiva, sua empolgação não se deveu a palavras ditas pelos integrantes da trupe, mas ao fato de ele ter assistido ao número que apresentaram. Para compreender a mensagem que Henri queria transmitir, talvez o público tivesse que ver os trapezistas em cena. *Os Flying Rodleighs são um grupo de trapézio que se comunica por meio do corpo. Enquanto se apresentam, não há nenhuma troca de palavras, mas é justamente por meio desse tipo de comunicação que eles criam seu senso de comu-*

---
133 Nouwen, H. J. M. Letter to Bart Gavigan, 2.12.1994 (Nouwen Archives).
134 O relato sobre a preparação e as filmagens do documentário *Angels Over the Net* é descrito em "What a friend we had in Henri" (Stevens, p. 28-33) (Nouwen Archives).

nidade. Crianças, jovens e idosos de diferentes origens e nacionalidades podem estar ali juntos, vendo-os voar e ser apanhados[135].

Durante meses, Henri e Bart discutiram as diferentes possibilidades do filme. Na Holanda, Jan van den Bosch manifestou interesse em produzi-lo. Bart confirmou que poderia assumir a direção das filmagens, bem como escrever e editar uma versão do documentário em língua inglesa. É claro que Henri também conversou sobre essa ideia com Rodleigh e a trupe. Embora os Flying Rodleighs se sentissem honrados com a perspectiva de serem o foco de um documentário para um canal religioso, também estavam um tanto perplexos.

Em 23 de dezembro de 1994, iniciaram-se as filmagens no Centro Esportivo Ahoy, em Roterdã. Jan e Bart começaram a entrevistar Rodleigh numa área externa, mas estava tão frio que, minutos depois, o líder dos trapezistas mal conseguia articular o que dizia. À tarde, Henri chegou num estado de êxtase que ia muito além das palavras e abraçou a todos. Então, simplesmente ficou ali parado, sorrindo para seus amigos.

Jan, amigo de Henri, entrevistando-o para o documentário, perguntou-lhe[136]:

— Ao descrever uma situação, quer se trate da fé, do conteúdo de *A volta do filho pródigo* ou de *In the Name of*

---

135 Nouwen, H. J. M. Letter to Bart Gavigan, 2.12.1994 (Nouwen Archives).

136 Todas as citações de falas de Jan van den Bosch e de Henri constam na entrevista em inglês filmada para o documentário *Angels Over the Net* (versão não editada). Cerca de vinte e cinco por cento da citação aqui reproduzida também foram incluídos na versão final desse documentário.

Jesus [Em nome de Jesus], seus *best-sellers*, você costuma abordá-la de maneira muito intensa. O que acontecerá nessa história que você está escrevendo?

— *Não faço ideia* — Henri admitiu. — *Você sabe que sempre tentei escrever sobre experiências humanas profundas.*

— É muito difícil escrever sobre o tema que você escolheu? — insistiu Jan.

— *Talvez sim. Já tentei escrever sobre a América Latina. Já tentei escrever sobre minha convivência com os monges trapistas. Já tentei escrever sobre temas íntimos, como a morte de minha mãe. Porém, mesmo conhecendo os Rodleighs há quatro anos, eu realmente ainda não sei como escrever sobre essa experiência; é como se ela tocasse em algo tão profundo dentro de mim que ainda não sou capaz de expressar o que sinto. Chega mesmo a ser diferente de escrever sobre Rembrandt. O que quero dizer é que agora se trata de uma coisa totalmente nova para mim. Não me refiro somente ao trapézio. O que esse grupo representa é novo. A vivência que venho tendo com o trapézio... Isso é novo, e eu nem mesmo sei se um dia vou conseguir encontrar palavras para expressar o que sinto ou para escrever um livro a esse respeito.*

Henri se mostrou ainda mais entusiasmado. Buscando um modo de expressar sua empolgação para o espectador, continuou:

— *Sabe, à medida que fui conhecendo melhor os Rodleighs, eu me dei conta de que eles não formam uma família ideal. Não existe família ideal. Eles têm conflitos, enfrentam desafios. Eles têm dificuldades relacionadas ao corpo, à mente, ao espírito. São pessoas como nós. Mas uma das coisas que me disseram foi: "Quando você estiver no trapézio, esqueça todo o resto. Esteja somente ali, em total presença". Portanto, aqui estamos nós em meio a uma porção de conflitos, dificuldades, preocupações, sentimentos de culpa, expectativas, todas essas coisas... Mas, de alguma forma, a capacidade de estarmos inteiramente presentes em cada momento vivido cria uma espécie de vislumbre da eternidade, um vislumbre da verdadeira vida. No breve espaço de um segundo, sabemos o que é a verdadeira beleza, o que é a verdadeira harmonia, o que é a verdadeira união – é aquilo que o nosso coração mais deseja.*

.. ● ● ● ..

Empoleirado na caçamba de um guindaste, em pleno ar, Henri constata, por um instante, a precariedade da situação em que se encontra. Mesmo assim, não consegue deixar de lembrar o que dissera sobre risco, na entrevista para o documentário: *Todos nós queremos dar saltos duplos e triplos, executar cambalhotas,* layouts *e tudo o mais. Gostamos de correr riscos. Gostamos de estar livres em pleno ar, na vida. Mas é preciso lembrar que há um portô do outro lado. Temos que lembrar que, ao cair, seremos apanhados por alguém, estaremos em segurança*[137].

"Henri, confie no portô!", recorda ele a si mesmo.

---

137 Entrevista em inglês presente no documentário *Angels Over the Net*.

.. • ● •..

A etapa de filmagens se encerrou no dia de Ano-Novo de 1995. Bem-humorado e acompanhado de quase toda a sua família holandesa, ele assistiu ao espetáculo dos Flying Rodleighs e, com um caloroso abraço, despediu-se de cada um de seus amigos trapezistas. Depois disso, saiu para passear pelos canais de Roterdã com Laura, sua sobrinha. Sem a presença de Henri, os últimos dias da trupe na Holanda foram atipicamente calmos; depois de cada apresentação, eles se reuniram para discutir toda a experiência da filmagem e para interagir com a família de Henri, perguntando-se quando poderiam reencontrá-lo. Henri lhes dissera que aquele seria um ano sabático para ele, pois tentaria terminar de escrever o livro sobre a trupe.

No início de julho de 1995, os Rodleighs receberam o vídeo editado em língua inglesa, intitulado *Angels Over the Net* [Anjos sobre a rede]. Surpreenderam-se com o resultado. Ouviam, agora, a explicação dada por Henri no documentário:

Hoje, vivo e trabalho com pessoas que têm deficiência mental, e algumas delas também apresentam graves deficiências físicas. Uma das coisas que têm me impressionado ao longo da vida é que, não raro, pessoas com deficiência mental e física são incrivelmente capazes de criar um espírito de comunidade.

Convivo numa comunidade com pessoas originárias de vinte e um países diferentes. Algumas são casadas, outras são solteiras; há idosos e jovens, há japoneses e brasileiros.

Em situações usuais, essas pessoas nunca formariam uma comunidade; mas nesse grupo há gente cujo corpo está fragilizado, que muitas vezes mal consegue falar, que não tem condições de se expressar por meio de ideias nem de participar de grandes debates. No entanto, se não fosse por isso, elas jamais seriam capazes de conviver bem juntas. Para mim, esta é, de fato, uma nova descoberta. Sabe, eu era professor, adorava lecionar na universidade. Mas, a certa altura, senti que algo me faltava, algo que viesse do coração. Então descobri como vivem as pessoas com deficiência. Foi um verdadeiro achado, e todas elas também se tornaram meus professores, mestres do coração. Embora não consigam falar nem dar explicações, elas me comunicam algo. Elas me dizem que ser é mais importante do que fazer, que o coração é mais importante do que a mente, que integrar uma comunidade é mais importante do que fazer as coisas sozinho. Sem dizer uma única palavra, elas me ensinaram tudo isso.

Em certo sentido, eu me deparei com a mesma coisa quando conheci os Rodleighs. Encontrei pessoas que, quando estão no trapézio, não se comunicam com palavras; elas fazem algo com o próprio corpo e criam entre si um espírito de comunidade que a tudo sobressai, inclusive aos mais variados tipos de público que assiste a suas apresentações: jovens, idosos, crianças, falantes das mais diversas línguas. Todos os compreendem: os Flying Rodleighs criam uma família onde quer que estejam. Eles unem as pessoas[138].

---

138 *Idem.* (Buscando maior clareza, primeiro menciono o comentário de Henri sobre a Comunidade L'Arche, e, na sequência, o que ele disse acerca dos Rodleighs.)

Depois de assistir ao documentário e mostrá-lo aos colegas da trupe, Rodleigh começou a encarar a responsabilidade que lhe cabia, e também a *performance* do grupo, a partir de um novo ponto de vista. Ele nunca tinha considerado seu trabalho uma forma de comunidade ou mesmo um meio de comunicação com o público; agora, porém, emocionava-se com as reações dos que assistiam ao vídeo. Enxugou uma lágrima que escorria em seu rosto. Não estava sozinho; sabia que muitos outros sentiam o mesmo que ele. Henri lhe havia confidenciado que, a cada vez que assistia ao vídeo, também derramava lágrimas.

29

No verão de 1995, Henri foi convidado a palestrar em mais uma edição da Conferência da Rede Católica Nacional sobre Aids. A ansiedade que sentiu diante do convite o surpreendeu e o levou a se questionar se teria algo a compartilhar. No fim, acabou aceitando. Suas amigas, Sue Mosteller e Kathy Bruner, o acompanharam até lá[139].

Essa nova edição da conferência seria maior do que a anterior, e milhares de pessoas teriam morrido no intervalo entre os dois eventos. Um mês antes da nova conferência, o FDA[140] dera sinal verde ao primeiro tratamento antirretroviral para o HIV, mas não havia recurso terapêutico para a Aids no horizonte próximo, e a epidemia estava se alastrando. Em todo o mundo, milhões de pessoas haviam morrido por complicações causadas pela doença.

O evento teve início com um número de dança interpretativa. O espaço simples e amplo onde ficava a plateia, em pé, estava lotado: pessoas aglomeradas tentavam assistir aos dançarinos, que se uniam em fortes abraços e,

---

[139] Sue Mosteller comentou como Henri estava ansioso em relação a essa segunda conferência sobre Aids, ocorrida em 1995. O número de "dança interpretativa" apresentado no evento, bem como a reação de Henri, foi descrito por Kathy Bruner, minha amiga e também de Henri.

[140] Food and Drug Administration, agência reguladora ligada ao Departamento de Saúde dos Estados Unidos [N.T.].

em seguida, consentiam mutuamente em se afastar. Era uma homenagem a todos os que haviam morrido em decorrência da Aids. Tanto Henri quanto quem estava à sua volta davam livre-expressão ao próprio choro.

Enquanto secava as lágrimas que lhe escapavam aos olhos, Henri ponderou que aquela dança atraía as pessoas para uma comunidade assim como acontecia com o trabalho artístico da trupe do circo. Tal qual os Flying Rodleighs, ali estavam artistas que, embora se mantivessem calados durante sua apresentação, mostravam imensa capacidade de unir as pessoas. Arte viva, em movimento e no tempo, criando o espírito de comunidade.

Pouco antes de dar início à sua fala, Henri se sentiu mais uma vez ansioso e comovido com aquela plateia. Orou para que pudesse encontrar as palavras certas. Desta vez, deu à sua palestra o ousado título "Fazendo amizade com a morte"[141].

Começou mencionando seu amigo Peter, que estava prestes a morrer de Aids. O companheiro de Peter seguia insistindo: *"Ele não vai morrer! Nós vamos lutar contra a doença!"* Peter, por sua vez, dizia: *"Por que eu? Passei minha vida inteira servindo a Deus... Estou confuso, com raiva e frustrado"*.

Henri explicou que ficou espantado com o fato de o companheiro de Peter querer combater a doença como

---

[141] Nouwen, H. J. M. (jul. 1995). Befriending Death. In: *Eighth National Catholic HIV/AIDS Ministry Conference*. Uma gravação em áudio e uma cópia da transcrição dessa palestra estão disponíveis no acervo do centro de pesquisa Nouwen Archives. Salvo indicação em contrário, todas as demais citações de Henri neste capítulo foram coletadas desse material.

um guerreiro, ao passo que a voz de Peter soava como a de quem protesta. Era a voz da resistência. Tendo convivido algum tempo ao lado deles, Henri se perguntava: "*Qual é a melhor saída para esta situação? Há algum modo de meu amigo e seu companheiro conseguirem dar um passo adiante e aceitar a realidade do que estão enfrentando? Será que eles são capazes de fazer amizade com a morte, que está postada em pé no quarto deles, e lhe dizer: 'Sim, você é nossa inimiga, mas somos chamados a amar nossos inimigos; portanto, queremos amar você. Queremos estar ao seu lado sem medo'?*"

"Por que eles têm tamanha dificuldade em amar a inimiga morte?", ele se questionava.

À plateia, Henri contou que havia refletido muito sobre essa pergunta, até se dar conta de que seus amigos temiam acolher a morte porque receavam que isso só faria antecipar a partida de Peter. Em outras palavras: pensar na morte significaria desistir, deixar de resistir.

Henri indagou a seus ouvintes: "*É possível amar e resistir, ao mesmo tempo? Se somos chamados a amar nossos inimigos, então devemos ser capazes de amar e resistir simultaneamente*".

Ele sugeria que o poder encarnado do amor é capaz de aumentar o poder de resistência das pessoas. "*Você deve reivindicar sua verdade espiritual mesmo que tudo e todos ao seu redor recomendem que você recuse tal responsabilidade. Isso precisa vir diretamente de suas entranhas, diretamente de seu íntimo, de seu coração.*"

Ao descrever a experiência que viveu em 1989, quando foi atropelado por uma *van* e quase morreu, Henri se recorda: *"Quando eu estava à beira da morte, disse a mim mesmo: 'Não quero morrer sozinho. Nenhum ser humano é capaz de nos oferecer o poder espiritual necessário a essa travessia. Tenho a mais profunda convicção de que a comunhão dos santos é que, no fim das contas, nos permite realizá-la'"*. Então, ele propõe que o auditório procure *"aquela incrível família espiritual que o cerca e que possibilita seu êxodo; a família que transcende os limites do nascimento e da morte"*.

"Você pertence a todas as pessoas que já se foram antes de você", prosseguiu. *"É preciso que você as acolha como se fossem santos. Sim, todos os que há tempos nasceram e morreram enfrentaram desafios como eu e tiveram aflições como as minhas. Do mesmo modo que eu, lidaram com conflitos relacionados à sexualidade, sofreram com a solidão, a depressão e a confusão mental. Atravessaram a peste negra. Essas pessoas fazem parte da minha família humana. Posso enxergar essa multidão de testemunhas à qual pertenço"*.

.. • • ..

Estando Henri suspenso em pleno ar, no lado externo do hotel, pela primeira vez lhe ocorre o pensamento de que pode vir a morrer. Na verdade, ele não havia se permitido cogitar isso antes. Tendo sobrevivido ao atropelamento, passou a supor que continuaria vivo por um longo tempo. Seu pai já tinha entrado na casa dos 90 anos, e Henri jamais imaginou a possibilidade de morrer antes dele.

"Só que, às vezes", reflete Henri, "precisamos pura e simplesmente nos entregar, ainda que não tenhamos certeza quanto a quem vai nos apanhar no ar. Talvez levemos uma vida inteira para aprender a voar e a cair". Ele abre os olhos para observar as copas das árvores e os telhados de Hilversum, mas, como está sem os óculos, Dennie e toda a paisagem à sua frente ficam fora de foco. Volta a fechar os olhos.

Deixou de sentir fortes dores; porém, os pensamentos que rodopiam em sua mente lhe dão uma sensação de urgência e absoluta concretude. "O que me permitiria morrer bem?", Henri se questiona. Ele escreveu e discursou muito sobre esse tema em anos recentes, mas agora a pergunta está alojada em seu próprio corpo, impondo um imediatismo que lhe parece chocante.

Você já era o filho amado antes de nascer e continuará sendo o filho amado depois de morrer. Essa é sua verdadeira identidade. Isso é o que você é, esteja ou não se sentindo bem e a despeito do que o mundo tenta fazê-lo pensar ou vivenciar. Você pertence a Deus por toda a eternidade. A vida é tão somente uma interrupção da eternidade, apenas um pequeno ensejo para que, no breve período de alguns anos, Deus possa lhe dizer: "Eu também amo você".

Henri poderia tomar a ideia da morte como pretexto para que deixasse incompleto seu livro sobre o trapézio, "uma interrupção permanente", reflete ele. Quem sabe já tenha aprendido tudo que era necessário sobre essa arte?

Quando conheci os Rodleighs, assisti ao seu trabalho e conheci de perto o universo do trapézio, uma vez mais algo totalmente novo aconteceu. Era como se, de repente, eu tivesse descoberto a incrível mensagem que o corpo pode nos oferecer. Sabe, é como se a universidade fosse a mente; a Comunidade L'Arche, o coração; e o trapézio, o corpo. E o corpo conta uma história espiritual[142].

---

142 Henri em entrevista em inglês filmada para o documentário *Angels Over the Net*.

V
VOAR

30

Atento, Dennie observa Henri e avalia se a tensão em seu corpo se deve à dor, à ansiedade ou a algo completamente diferente. O único parâmetro para essa avaliação são as reações físicas que Henri apresenta. "Decerto o corpo dele está contando uma história", reflete Dennie, que também se pergunta quão suficiente é sua compreensão acerca da experiência pela qual Henri está passando. O paramédico repara que Henri parece introspectivo. É um padre; portanto, talvez esteja fazendo profundas reflexões espirituais. Talvez esteja rezando. Porém, é necessário que permaneça no próprio corpo até que consigam levá-lo ao hospital. Com carinho, Dennie pousa a mão sobre o ombro de Henri, tentando reconfortá-lo.

.. ● ● ● ..

Henri coloca seu novo diário de capa dura na escrivaninha diante de si. Admira os detalhes coloridos da capa[143], onde se vê o *Buquê de girassóis* de Claude Mo-

---

[143] No início do ano sabático de Henri (1995-1996), ele se mostrou particularmente encantado com as lindas capas de alguns de seus diários. Lembro-me da cena em que ele nos incentivou a também admirá-las.

net, abre o diário e, na primeira página pautada, registra: *Oakville, Ontario, sábado, 2 de setembro, 1995. Este é o primeiro dia de meu ano sabático. Sinto-me empolgado e ansioso, tenho esperança e medo, estou cansado e com um desejo imenso de fazer mil coisas*[144]. Um ano de liberdade, *em que estarei totalmente receptivo a que algo inédito e radical aconteça*, registrou exultante. *Sinto-me estranho! Muito feliz, mas, ao mesmo tempo, com muito medo... Livre para aprofundar amizades e explorar novas maneiras de amar. Acima de tudo, livre para lutar com o Anjo de Deus e lhe pedir uma nova bênção.*

Na sexta-feira, 8 de setembro, anotou: *Escrevi muitos ensaios, reflexões e meditações nos últimos vinte e cinco anos. Porém, foram raras as ocasiões em que redigi uma boa história. Mas por quê? Talvez minha natureza moralista tenha me feito centrar o foco mais na mensagem inspiradora que me senti impelido a proclamar do que nas situações por vezes ambíguas da vida cotidiana, das quais emerge espontaneamente toda mensagem inspiradora. Talvez eu receasse tocar o solo úmido de onde brota a nova vida. Talvez estivesse aflito em relação às consequências de propor uma história com um fim aberto*[145].

Três meses depois, no início de dezembro, hospedado na casa de amigos em Massachusetts, Henri foi com

---

[144] Registro manuscrito de Henri em seu diário sabático (Nouwen Archives). Uma versão condensada desse trecho também aparece em seu livro *Sabbatical Journey* (p. 3).

[145] Registro de 8 de setembro de 1995 no diário sabático de Henri (Nouwen Archives). O trecho também consta em seu livro *Sabbatical Journey* (p. 10-11).

seus anfitriões assistir à montagem da peça shakespeariana "A tempestade" produzida pelo Teatro de Repertório Americano[146].

Ao fim da encenação, eu estava pasmo com o poder mágico da peça, registrou Henri. *Próspero, o exilado duque de Milão, que matutava um plano de vingança, termina a história recebendo todos os seus inimigos de braços abertos.*

E não foi só isso, completou. *No epílogo, Próspero fala diretamente à plateia.* Henri ficou tão emocionado com essa cena que buscou o trecho correspondente no livro e, com sua letra sempre bem desenhada, o transcreveu cuidadosamente em seu diário:

> *Restou-me o temor escuro; por isso, o auxílio procuro de vossa prece que assalta até mesmo a Graça mais alta, apagando facilmente as faltas de toda gente. Como quereis ser perdoados de todos vossos pecados, permiti que sem violência me solte vossa indulgência.*

Henri fez uma pausa tentando imaginar o motivo de haver se comovido tanto com essa passagem. Possivelmente, fora o fato de sempre ter se perguntado como transformar inimigos em amigos; afinal de contas, crescera na Europa durante a Segunda Guerra Mundial. Enquanto contemplava a transformação de Próspero, lembrou-se daqueles anos de conflitos políticos; em seguida, voltou o pensamento para dentro de si, para a constante

---

146 Registro de 3 de dezembro de 1995 no diário sabático de Henri (Nouwen Archives).

tentativa de transformar sua vida interior, tumultuada e impetuosa, em um amigo em vez de um inimigo.

Apenas alguns meses antes, Henri afirmara à plateia da Conferência sobre Aids que, no fim das contas, cada um de nós tem o desafio de fazer amizade com a própria morte. *"A tempestade" foi a última peça escrita por Shakespeare*, registrou ele. *Depois disso, o autor se retirou para Stratford, onde faleceu quatro anos mais tarde, em 23 de abril de 1616. Com isso, as últimas palavras de Próspero adquirem um significado especial: trata-se de Shakespeare pedindo a seu público que lhe conceda o perdão.*

Henri refletiu que ali havia três velhos homens: Próspero, Shakespeare e ele próprio, todos em busca do perdão e da oportunidade de se entregarem livremente a um novo recomeço.

Ele continuou a ponderar essa ideia por algum tempo e, então, concluiu sua anotação no diário. *Quanto a mim, desejo me lembrar dos famosos versos:*

> *Que adoráveis criaturas aqui estão!*
> *Como é belo o gênero humano!*
> *Ó Admirável Mundo Novo*
> *Que possui gente assim.*

Menos de duas semanas depois, Henri sorriu discretamente ao lembrar desses versos enquanto viajava rumo a um belo e admirável mundo novo.

31

Uma nevasca se aproximava do aeroporto de Logan, em Boston, enquanto o piloto do jatinho particular Gulfstream Impromptu VI, da filantropa estadunidense Joan Kroc, aguardava o sinal verde para decolar. Já a bordo, Henri andava de um lado a outro, todo empolgado. Admirando a aeronave elegantemente equipada de sua amiga Joan, ele foi até a cabine de comando para conversar com a tripulação. Houve atraso no voo de Sue Mosteller, procedente de Toronto, mas ela conseguiu chegar enquanto a equipe removia o gelo acumulado na parte externa do jatinho. Então, decolaram para buscar Fred e Joanne Rogers, em Pittsburgh e, na sequência, um outro amigo de Joan, em Minneapolis.

Na manhã seguinte, já em San Diego, Henri e Sue palestraram sobre "espiritualidade do cuidado" a uma plateia de aproximadamente cem pessoas reunidas numa casa de repouso onde havia 24 quartos.

Um enorme retrato de Joan no saguão do local a homenageia por sua condição de fundadora e megadoadora da instituição. Os funcionários se mostram muito gentis e amistosos, e o clima do lugar é bastante intimista e acolhedor. Em nossa fala, Sue e eu mencionamos a importância de nos prepararmos, e também aos outros, para "morrer bem". *Entoamos algumas canções da comunidade cristã ecumênica de Taizé e tivemos uma troca muito animada com a plateia. Saímos realmente inspirados desse evento*[147].

Henri e Joan haviam se conhecido no ano anterior, quando de imediato se tornaram amigos[148]. Ambos tinham muitas coisas em comum. Musicista talentosa, Joan trabalhou durante vários anos como pianista profissional. De modo intuitivo, ela compreendia a importância do contato de Henri com a arte do trapézio.

Henri apreciava o modo como a mente criativa de Joan estava comprometida em melhorar a vida de todo mundo, desde gente que precisava de moradia adequada até pessoas que estavam à beira da morte. Emocionava-o a maneira como Joan se referia às crianças como representantes do futuro; também o comovia a luta que ela empreendia para que toda criança fizesse pleno uso de seu potencial, a despeito das circunstâncias em que vivesse.

---

147 Registro dos dias 14 a 17 de dezembro de 1995 no diário sabático de Henri (Nouwen Archives). Trechos desse registro também foram incluídos em seu livro *Sabbatical Journey* (p. 65-69).

148 Uma pessoa que conviveu por um tempo com Henri e Joan comentou comigo que os dois eram como "unha e carne". • Para mais informações sobre os interesses ecléticos de Joan Kroc, incluindo sua carreira de pianista, cf. Napoli, L. (2016). *Ray & Joan: The Man who Made the McDonald's Fortune and the Woman Who Gave It All Away*. Dutton Penguin Random House. • Os comentários de Joan sobre crianças (e a elas endereçados), datados de 1998, podem ser conferidos em: https://www.youtube.com/watch?v=VgLbicSvJxY • Em meados dos anos 1980, Joan fundou a Escola de Estudos da Paz Joan B. Kroc, na Universidade de San Diego (cf. https://www.sandiego.edu/peace/). • Para uma visão panorâmica das contribuições de Joan em prol da comunidade e do mundo, cf. este vídeo, de 2004, gravado quando ela ingressou o *hall* da fama feminino de San Diego: https://www.youtube.com/watch?v=qgA0AMimHBI

Henri também mostrava entusiasmo com o fato de Joan se comprometer com um mundo mais pacífico, e ficava intrigado com sua insistente convicção de que o caminho para a paz mundial deve ter como base a educação, sobretudo no sentido de favorecer que mulheres de todo o mundo sejam capazes de criar e assumir posições de liderança em todos os níveis sociais.

Joan herdara a fortuna de Ray Kroc, seu falecido marido. Durante os anos em que lecionou em Yale e em Harvard, e no tempo em que morou na Comunidade Daybreak, Henri desenvolveu interesse cada vez maior pelos conflitos espirituais que acometiam as pessoas muito ricas. Em 1992, ele registrou: *Minha experiência mostra que os ricos também são pessoas pobres, mas de maneiras diferentes. Entre os ricos, há muitos que são bastante solitários. Vários deles têm de lidar com a sensação de serem usados pelos outros. Dentre eles, também há os que sofrem com sentimentos de rejeição ou com depressão*[149].

Pouco antes das seis da tarde, Henri se mirou no espelho e alisou os cabelos grisalhos e desgrenhados. Então, caminhou até o local onde seria oferecida uma festa a aproximadamente noventa hóspedes oriundos de vários lugares do país.

Havia uma enorme tenda decorada com milhares de luzinhas. Em volta da piscina, foram colocadas mesas redondas e, sobre elas, lindos buquês de flores brancas. Uma árvore toda iluminada flutuava na piscina. Henri

---

149 Nouwen, H. J. M. (2011). *Spirituality of Fundraising* (p. 18). Upper Room Books, 2011 (p. 18).

olhou admirado para as grandes estrelas penduradas nas árvores mais altas. Luzes vermelhas e brancas enfeitavam a entrada do local e também as cercas-vivas. O que mais lhe chamava a atenção eram as esculturas no jardim, iluminadas por refletores cuidadosamente instalados.

A paisagem do entorno era espetacular; a comida, deliciosa; as conversas, amistosas; a música, agradável. E tudo era muito, muito elegante. Joan, que usava um vestido longo todo dourado, contou-me que comprara aquele traje havia muito tempo e nunca tivera a oportunidade de usá-lo. "Foi para isto que organizei uma festa: para ter a chance de exibir meu vestido", disse ela em tom de brincadeira.

Às dez da noite, a maioria dos convidados já havia ido embora, então fui dormir, ainda meio deslumbrado, perplexo e intrigado com a realidade que conheci naquela noite.

No dia seguinte, após *uma conversa animada sobre o significado do Advento*, os hóspedes de Joan seguiram até um abrigo para pessoas sem-teto para o qual ela contribuía financeiramente. Henri ficou impressionado com a amplitude do projeto, mas saiu dali se questionando como era a relação entre aquelas pessoas. *Onde e de que modo estes sem-teto conseguem oferecer seus dons e talentos? Que mutualidade existe entre os que dão e os que recebem?*

Já de volta à residência de Joan, celebramos juntos a Eucaristia no jardim diante do presépio mexicano, com seus personagens exuberantes. Sentamo-nos em volta da pequena mesa, lemos os textos das Escrituras, comparti-

lhamos nossas reflexões e recebemos os dons sagrados do Corpo e do Sangue de Cristo. Terminada a celebração da Eucaristia, caminhamos até a nova estátua recém-comprada por Joan, que me pediu que abençoasse sua nova aquisição. A enorme escultura em bronze, produzida pelo italiano Giacomo Manzù, representava um cardeal assentado. Tanto Henri quanto Joan eram grandes apreciadores de arte. A nova estátua, cujo rosto imberbe parecia imune à ação do tempo, deixava o padre intrigado. A expressão facial do cardeal era solene, mas, enquanto sua orelha esquerda estava coberta pela alta mitra, a orelha direita estava exposta. A Henri, aquilo pareceu um detalhe sutil, uma expressão da capacidade de ouvir, o que reforçava a humanidade do majestoso sacerdote.

Na manhã seguinte, depois de Henri fazer as malas rapidamente, todos se dirigiram ao aeroporto para embarcar no jato de Joan. Quando Henri chegou ao aeroporto de Boston, seu amigo Jonas foi buscá-lo.

– *Como foi o evento? – ele me perguntou.*

– *Eu mal consigo descrever com palavras. Aquilo é como deixar a atmosfera e penetrar um espaço em que as leis da gravidade não existem.*

Talvez, refletiu Henri, o universo de Joan fosse um pouco parecido com o do trapézio, no qual as limitações impostas pela gravidade também pareciam inexistir. O círculo social de Joan transitava num universo de abundância e poder; no entanto, por sua natureza, ela demandava um tipo particular de habilidade artística.

Quando Henri se sentou para escrever a Joan uma carta de agradecimento, o que ele de fato desejava era lhe expressar mais do que gratidão. Considerando a generosidade e a visão social de Joan, Henri escreveu: *O amor incondicional é o amor que não impõe condições, não exige compromissos nem pré-requisitos e nada pede em troca. Trata-se de dar sem esperar nenhuma retribuição*[150].

Ele fez uma pausa e refletiu sobre o que acabara de escrever: amor oferecido em prol do próprio amor. Talvez isso também se assemelhasse ao trapézio: uma *performance* que beneficia a si mesma. Pensou em algo que ficara registrado nos comentários gravados depois do encontro com os Flying Rodleighs. *Mas, quando você assiste a esses artistas do trapézio, isso se transforma num símbolo. O que essas pessoas fazem? Elas voam pelos ares com a intenção de apresentar um número altamente qualificado que seja seguro e também ofereça entretenimento. Elas querem fazer isso bem-feito e, embora lhes dê enorme alegria perceber que o público as admira, o propósito de seu trabalho é simplesmente "a arte pela arte"*[151].

Henri seguiu escrevendo a carta a Joan: *Este amor incondicional é aquele ao qual Jesus convoca: "Amai os vossos inimigos, fazei o bem e prestai ajuda sem esperar coisa alguma em troca. Então, a vossa recompensa será grande. Sereis filhos do Altíssimo, porque Ele é bondoso também para com os ingratos e maus" (Lc 6,35). Será isso possível aos seres humanos? Parece algo completamente*

---
150 Nouwen, H. J. M., & Earnshaw, G. (ed.) *Love, Henri* (p. 332).
151 Nouwen, H. J. M. The Flying Rodleighs – The Circus (p. 26) (Nouwen Archives).

irrealista. Dar sem receber de volta não seria uma armadilha que leva ao esgotamento físico e psicológico?
A resposta é muito simples. Não, não é impossível amar incondicionalmente, pois nós já somos amados de modo incondicional! Deus já nos amava antes mesmo de nosso nascimento, e Deus nos amará depois que tivermos morrido[152].

Henri fez nova pausa e pensou na reviravolta de Próspero, que, depois de décadas tramando vingança, tornou-se capaz de aceitar e acolher seus inimigos, movido pela compaixão. Com isso, Próspero criou uma conexão direta com a plateia, despindo-se de seu manto mágico e compartilhando sua vulnerabilidade. Henri lembrou-se de Joan, sua amiga aficionada à arte e à música, em seu deslumbrante vestido dourado, e sorriu diante da comparação. De que modo ele poderia ajudar Joan, uma pessoa tão famosa – e até mesmo mágica – a confiar a ponto de dar e receber amor incondicional?

Refletindo no fato de os Flying Rodleighs haverem lhe oferecido uma imagem representativa do mergulho no risco e na confiança, Henri considerou que esse mergulho dá contorno a toda vida humana. Em última instância, toda pessoa pertence a Deus e a Deus retornará. Porém, esse voo acontece de modo coletivo, numa trupe de seres humanos. Mordendo a ponta do lápis, Henri viu pela janela o nublado céu de inverno. Às vezes, as pessoas se revelam ingratas ou até mesmo maldosas, como ele acabara de escrever na carta. Às vezes, elas são descuida-

---
152 Nouwen, H. J. M., & Earnshaw, G. (ed.) *Love, Henri* (p. 332-333).

das, incompetentes ou medrosas. Todos cometem erros. Henri lembrou-se mais uma vez de Rodleigh insistindo para que cada membro da trupe avaliasse sua *performance* e comentasse o próprio desempenho, assim como os dos colegas, identificando o que dera errado e validando tudo o que correra bem. Feito isso, os trapezistas vestiam novamente suas capas prateadas, aprontando-se para a apresentação seguinte, confiantes, sem nenhum ressentimento ou medo. *Eu ficava fascinado com a dedicação e a disciplina deles, a maneira como trabalhavam juntos, a gentileza mútua, a maneira como realizavam tudo,* disse ele à época[153].

Continuou escrevendo a carta, tentando ampliar sua compreensão sobre o amor incondicional: *Não se trata de um amor sentimental, que tudo aprova e com tudo concorda. Trata-se de um amor que pode ser até mesmo confrontador. Mas é incondicional! O amor incondicional, portanto, não implica na aprovação de todos os atos da pessoa a quem amamos.*

Nem sempre é fácil acreditar que podemos ser amados de modo incondicional mesmo quando aqueles que nos amam discordam de nós ou desaprovam o que fazemos. Porém, esse é o amor que Deus devota a nós e deseja que pratiquemos em nossos relacionamentos[154].

---

153 Nouwen, H. J. M. The Flying Rodleighs – The Circus (p. 26) (Nouwen Archives).
154 Nouwen, H. J. M., & Earnshaw, G. (ed.) *Love, Henri* (p. 334).

32

Durante os primeiros meses de seu ano sabático, Henri assistiu a duas apresentações circenses diferentes. A primeira delas foi "O maior espetáculo da Terra", nos Estados Unidos.

O espetáculo era tão chamativo que beirava o intolerável. Havia muita purpurina, glamour e empolgação, mas o que eu faria com tudo aquilo? A apresentação daquela tarde me deixou impressionado, perplexo, estupefato, mas nada do que vi ali me emocionou de verdade. Houve um único momento em que fiquei deslumbrado: o número no qual Vasili Zinoviev se mantém equilibrado num único braço sobre a cabeça de seu parceiro, Pavel Karime, o qual, por sua vez, equilibra duas estacas sobre uma plataforma que se eleva a nove metros do solo.

Da posição de nossos assentos, bem diante dos artistas, eu conseguia ter visão total do número. O largo sorriso de Vasili e seu corpo belo e musculoso irradiavam tanta vitalidade e tanta energia alegre que, por um instante, me senti pessoalmente ligado a ele. Eu teria adorado conversar com os dois. Porém, assim que o espetáculo terminou, eles sumiram.

Mesmo que tenha sido breve, aquele foi um momento importante para mim. Reconheci em meu íntimo as mesmas emoções que me arrebataram quando assisti aos Flying Rodleighs pela primeira vez. E foram elas que me deram ousadia para me apresentar a Vasili e Pavel, o que desencadeou uma longa e enriquecedora amizade. A dupla me chegou como um lampejo em meio à escuridão, um reconhecimento, uma lembrança e uma conexão interior repleta de melancolia[155].

No fim de dezembro, Henri e seu pai viajaram juntos a Freiburg. Recordando-se de terem assistido juntos ao Circo Barum cinco anos antes, o pai de Henri sugeriu: "Há uma companhia de circo na cidade, e eles estão se apresentando hoje. Você gostaria de ir?" Tratava-se do Festival de Circo do Natal, que tinha como atração principal o Circo Nacional da China, com artistas convidados vindos de Moscou e de Paris.

Por mais espetacular que tenha sido a apresentação, para mim nada se comparava ao que ocorrera cinco anos antes, ocasião em que fui "fisgado" pelos Rodleighs e me senti realmente impelido não apenas a vê-los em cena muitas vezes mais, bem como a penetrar no universo da trupe. O número a que assisti hoje foi razoável; voltei para casa sem muitas reflexões ou sentimentos a serem digeridos. Com os Rodleighs, assisti a algo que abriu em mim um novo espaço interior. Hoje, tão somente acompanhei a apresentação e apreciei alguns movimentos incomuns. Cinco anos atrás, passei por uma transformação pessoal.

---

[155] Registro de 20 de outubro de 1995, sexta-feira, no diário sabático de Henri (Nouwen Archives). Uma versão abreviada e editada desse trecho pode ser encontrada em seu livro *Sabbatical Journey* (p. 40-41).

Hoje, o que vivi se resumiu a algumas horas de um bom entretenimento[156].

Poucos dias depois, Henri teve a imensa alegria de receber um telefonema inesperado de Rodleigh.
— Onde vocês estão? — perguntei.
— Em Zwolle. Estamos tentando falar com você desde que chegamos à Holanda. Você conseguiria vir até aqui nos visitar?
Fiquei muito entusiasmado por receber notícias de meus amigos. Meu último encontro com eles tinha acontecido um ano antes, quando gravamos o documentário, que foi exibido na tevê holandesa.
No domingo, 7 de janeiro, eu estava sentado ao lado de Rodleigh e de sua esposa, Jennie, no trailer *deles. Logo me encontrei com Jon, Kail, Karlene e Slava. Foi uma sensação tão boa revê-los! Dei-me conta, ali, de quanto sentia falta de estarmos juntos.*
Rodleigh me contou sobre a fase difícil que vinham atravessando: problemas complicados em seus trailers*, questões graves de saúde e, acima de tudo, a morte da irmã de Rodleigh e de Karlene, na Itália. Ouvindo tudo aquilo, fiquei impressionado com o fato de os Flying Rodleighs não haverem cancelado nenhuma apresentação; eles continuavam a trabalhar normalmente com seu número.*

---

156 Registro de 28 de dezembro de 1995, quinta-feira, no diário sabático de Henri (Nouwen Archives). Uma paráfrase desse trecho pode ser encontrada em *Sabbatical Journey* (p. 74-75).

Jennie havia interrompido sua participação nos espetáculos, mas Kerri, uma adolescente sul-africana de 16 anos, fora treinada para substituí-la. A performance dos Rodleighs foi bem fraca. O teto da arena de eventos era baixo, então o número todo teve que ser mais moderado; além disso, os dois movimentos mais prodigiosos saíram errado: nem Slava nem Rodleigh conseguiram ser apanhados pelo portô; por isso, caíram na rede.

Entre o número dos Flying Rodleighs e o gran finale, tomamos chá com Karlene e Jon, que tinham se apaixonado e agora eram um casal. A filha de Karlene estava feliz em ter uma verdadeira família. Nossa visita foi ótima, muito animada[157].

O encontro foi pura alegria. Após um ano distante da trupe, Henri sentiu, naquela breve visita, como se tivesse convivido com eles o ano inteiro. Contudo, Rodleigh notou, com um ar de preocupação, que o amigo parecia exausto, então Henri admitiu que aquele ano sabático estava sendo mais cansativo do que sua rotina de trabalho habitual[158].

Enquanto dirigia de volta ao circo depois de deixar Henri e o pai dele na estação ferroviária, Rodleigh avaliou a evolução daquela amizade, que já tinha cinco anos. O período entre a ocasião em que estiveram juntos pela

---

[157] Registro de 7 de janeiro de 1996, domingo, no diário sabático de Henri (Nouwen Archives). Uma versão editada desse trecho pode ser encontrada em *Sabbatical Journey* (p. 82-83).
[158] Stevens, R. What a friend we had in Henri (p. 37, 41-42) (Nouwen Archives).

última vez e esse reencontro foi bem doloroso. Ao perder a irmã, Rodleigh sentiu consideravelmente a ausência de Henri e desejou que o amigo estivesse ao seu lado, compartilhando sua dor.

Reflexivo, Rodleigh estranhava o fato de ainda lhe parecer misteriosa a vontade de Henri de escrever sobre o grupo. O vídeo contribuiria para essa tarefa, mas, em termos pessoais, havia algo para além do que as filmagens conseguiram capturar. Pensando a respeito disso, Rodleigh tentou decifrar cada aspecto daquela empreitada, assim como ele mesmo, de maneira metódica, planejava cada movimento de um número novo e complexo.

Já na área do circo, ao sair do carro, o líder da trupe se perguntou se ela havia atendido ao anseio de Henri de estar em comunidade, visto que todos do grupo o aceitaram sem nenhuma tentativa de mudá-lo. Não que um esforço nesse sentido pudesse surtir algum efeito – Rodleigh deu uma risada discreta ao se lembrar dos pés enlameados de Henri. Mas havia algo no extravagante e marginalizado universo circense que, para Henri, era muito familiar, tanto quanto para Rodleigh. Dia após dia, a trupe tinha de lidar com crises e fracassos e, mesmo assim, seguia com suas *performances*. "É possível que a vida espiritual de Henri seja semelhante aos desafios cotidianos que enfrentamos em nossa rotina no circo", pensou Rodleigh.

Jennie trouxe um bule com chá.

– Às vezes, penso que Henri tem um desejo desesperado por ser aceito, especialmente por Deus. Tenho certeza de que o que o atraiu em nossa apresentação foi mais do que uma simples fantasia infantil – comentou Rodleigh. – Talvez tenhamos sido os ingredientes que lhe faltavam para compreender melhor parte de seus próprios sentimentos. Acho que ele nos vê como uma representação visual de suas experiências espirituais, de sentimentos que povoam seu íntimo.

Jennie encheu uma xícara de chá para si e outra para Rodleigh, a quem perguntou:

– O que você acha que ele vê nas apresentações?

Rodleigh dá um gole em seu chá e comenta:

– Sempre fazemos de tudo para que nosso desempenho seja perfeito, mas nem sempre alcançamos esse resultado. Você acha que conseguimos dar a Henri alguma ideia do que significa superar o medo do fracasso? Acredito que, de algum modo, ele seria capaz de se imaginar subindo a escada conosco, numa nova tentativa, mesmo sob os olhares de toda a gente. Acho que, ao assumir riscos e testar os próprios limites, ele aprendeu a se identificar com o nosso grupo.

– E tem mais: todos nós precisamos nos concentrar numa única coisa durante um breve momento e, nesse intervalo, esquecer todo o resto. Foi assim que ele tentou descrever o modo como entende a oração.

– Podemos dizer que incutimos coragem nele quando o convidamos a dançar perigosamente no ar! – comenta Rodleigh com um sorriso.

O casal terminou o chá, vestiu seus moletons e logo saiu pela área do circo a fim de cuidar dos preparativos para a segunda apresentação do dia. Todavia, continuaram se perguntando por que Henri não conseguira começar a escrever seu livro.

Em Utrecht, Holanda, naquela mesma noite, Henri terminou de registrar em seu diário:

Ao refletir sobre essa breve visita, dei-me conta de como ela me fez bem. Estou muito animado com a perspectiva de reencontrar a trupe em junho ou julho e também de concretizar meu antigo sonho de redigir um livro sobre eles. Senti novo ímpeto para escrever sobre os Flying Rodleighs de um modo que, imagino, deve agradá-los[159].

---

159 Registro de 7 de janeiro de 1996, domingo, no diário sabático de Henri (Nouwen Archives). Uma versão editada desse trecho pode ser encontrada em *Sabbatical Journey* (p. 83).

33

Henri comemorou seu 64° aniversário numa quarta-feira, 24 de janeiro, acompanhado apenas por seu pai, que apreciou muitíssimo o documentário *Angels Over the Net*, sobre os Flying Rodleighs, ao qual assistiram nessa ocasião. Como o sistema de aquecimento não estava funcionando, pai e filho se aninharam juntos próximo ao fogo, *dois idosos sentados junto à lareira, aquecendo as mãos. Sinto-me feliz hoje. Agradecido a Deus, a minha família e a meus amigos por todas as bênçãos que recebi ao longo destes 64 anos. Vejo com muito bons olhos os anos que tenho pela frente, pois os entendo como um período que me permitirá aprofundar minha vida com Deus e estreitar minhas amizades.*

Em especial, espero ter mais espaço e mais tempo para escrever. Em meu íntimo, sinto que há algo novo que deseja nascer: um livro de histórias, um romance, um diário espiritual... Algo muito diferente de tudo que já fiz antes[160].

Nesse meio-tempo, Henri e Bill Barry, seu editor na Doubleday, em Nova York, estabeleceram que o "diário

---

160 Registro de 24 de janeiro de 1996, quarta-feira, no diário sabático de Henri (Nouwen Archives). Esse trecho também pode ser encontrado em *Sabbatical Journey* (p. 94).

secreto" do autor sobre o colapso emocional que enfrentara entre 1987 e 1988 seria publicado em setembro de 1996[161]. Henri nutria um misto de curiosidade e cautela diante da tarefa de mergulhar no pior período de sua vida. Em que medida ele havia conseguido evoluir ao atravessar aqueles meses terríveis? Embora sua perspectiva tenha se ampliado naquela temporada de transição, ele ainda sentia *um pouco de medo de trabalhar nesse manuscrito. Talvez eu tenha receio de passar por mais uma experiência extremamente dolorosa*[162].

Ao reler os primeiros registros feitos em seu diário na época em que era acompanhado em terapia, Henri se deparou com conselhos oferecidos por seus terapeutas: *Confie, confie que Deus lhe dará este amor que tudo preenche, e que isso se manifestará de maneira humana. Antes que você morra, Deus lhe trará a mais plena satisfação de seus desejos. Tão somente pare de correr; comece a confiar e a receber. Você precisa de mãos humanas que o acolham no lugar onde está*[163]. Aquilo o fez lembrar de seu encontro com os Flying Rodleighs e de como foi compreender, pouco a pouco, a confiança mútua entre as mãos dos volantes e as dos portôs.

---

161 Trechos que mencionam esse colapso são citados nos diários de Henri datados dessa época. Tais diários fazem parte do acervo do centro de pesquisa Nouwen Archives. Vários excertos desse material foram editados e incluídos em seu livro *A voz interior do amor*.
162 Registro de 26 de janeiro de 1996, sexta-feira, no diário sabático de Henri (Nouwen Archives). Esse trecho também pode ser encontrado em *Sabbatical Journey* (p. 94).
163 Registro de 17 de janeiro de 1996, domingo, no diário sabático de Henri (Nouwen Archives).

O universo do trapézio poderia ser o tema de uma história de redenção, de ressurreição, refletiu Henri, que, neste ponto, fez uma nova pausa. Ele não pretendia espiritualizar essa experiência depressa demais a ponto de apagar dela seu aspecto corporal.

Os Flying Rodleighs me ensinam algo sobre como estar no corpo, estar encarnado, estar na pele de um humano. Sabe, a verdadeira vida espiritual é uma vida encarnada. Portanto, sendo quem são, os Rodleighs me ensinam algo extraordinário acerca do sentido de minha busca mais profunda[164].

Henri sabia o que queria: contar uma história verídica sobre o corpo e reafirmar a natureza espiritual dessa história, já que o espírito está sempre encarnado. Porém, ele novamente sentiu que estava empacado. Qual história sobre o corpo pretendia contar? E qual era a história de seu próprio corpo?

Henri alimentava o desejo de fazer parte de uma comunidade de acolhimento[165]. Ao escrever sobre a marcha de Selma, ele afirmou que Charles, o amigo a quem dera carona, o estava *transformando num homem negro*[166], dado o choque de sentir na própria pele uma amostra da

---

164 Henri em entrevista para o documentário *Angels Over the Net* (versão não editada).

165 Comuns no Canadá, as *welcoming communities* têm por objetivo promover a inclusão e a integração de membros, acolhendo imigrantes e refugiados, além de pessoas procedentes de outras províncias canadenses ou de outros países [N.T.].

166 Nouwen, H. J. M. We Shall Overcome. *In*: Dear, J. (ed.). *The Road to Peace* (p. 77).

exclusão e do ódio que fazia parte da experiência cotidiana de Charles. A marcha em si era, ao mesmo tempo, uma experiência aflitiva e alegre.

Eu dizia a mim mesmo: "Sim, sim, sinto que pertenço a este grupo de pessoas. Elas podem ter uma cor de pele diferente, uma religião diferente, outro estilo de vida, mas são meus irmãos e irmãs. Elas me amam, e eu as amo. Seus sorrisos e lágrimas são meus sorrisos e lágrimas; suas preces e profecias são minhas preces e profecias; suas aflições e esperanças são minhas aflições e esperanças. Somos todos um só[167].

Algumas das experiências mais apavorantes que Henri teve nas últimas décadas ocorreram quando ele literalmente perdeu a percepção dos limites de seu próprio corpo. Isso aconteceu diversas vezes. Logo após dar palestras a um público de milhares de pessoas, ele se sentiu fisicamente disperso e desestruturado. Alguns dos amigos de Henri se recordam das visitas e dos telefonemas desesperados que ele lhes fazia, tarde da noite, suplicando que o acolhessem até que se sentisse melhor[168].

Em seus primeiros dias na L'Arche, em 1986, quando morava na Comunidade Trosly, Henri já vivia um conflito em relação ao contato físico com as pessoas dali. Àquela altura, ele ainda não era responsável por cuidar fisicamente de nenhum dos internos, mas a simples ideia de ter de fazê-lo já o inquietava.

---

167 Nouwen, H. J. M. *Nossa maior dádiva*.
168 Cf. relatos de Parker Palmer e de Yushi Nomura, citados em *Wounded prophet* (Ford, p. 37-38).

Quinta-feira, 20 de março de 1986
Até aqui, minha vida inteira gravitou em torno de palavras: aprender, ensinar, ler, escrever, dar palestras. Não consigo imaginar minha vida sem o dom das palavras.
No entanto, os alicerces da L'Arche não são as palavras, mas o corpo. Dar comida às pessoas, cuidar de sua higiene, tocá-las, abraçá-las, é isso o que constrói a comunidade. As palavras são secundárias. A maioria das pessoas que têm deficiência fala pouco, muitas delas sequer são capazes de falar. O que mais importa é a linguagem do corpo.
"O Verbo se fez carne" – esse é o ponto central da mensagem cristã. Jesus nos coloca frente a frente com a palavra que pode ser vista, ouvida e tocada. Com isso, o corpo se transforma no caminho que conduz ao conhecimento da palavra e ao relacionamento com ela.
Sinto que tenho uma grande resistência para aceitar esse caminho[169].

Quando Henri chegou a Daybreak, sua amiga Sue achava engraçado vê-lo tão pouco à vontade ao receber abraços. "Era como se ele estivesse abraçando uma tábua", ela brincava.

Será que Henri sentia por Adam algo parecido com inveja? A percepção de Henri é que Adam confiou o próprio corpo aos seus cuidados, e o fez sem a menor ansiedade ou constrangimento.

---

[169] Registro de 20 de março de 1986, quinta-feira, em diário pessoal de Henri publicado em To Meet the Body is to Meet the Word, *New Oxford Review 54*, n. 3, p. 3-4, abr. 1987. Essa citação não foi incluída na coletânea de registros do diário de 1985-1986, intitulada *The Road to Daybreak* (1997).

Estar próximo dele e de seu corpo me tornavam mais próximo de mim mesmo e de meu próprio corpo. Minhas inúmeras palavras, tanto as verbalizadas quanto as escritas, sempre me deixaram tentado a recorrer a ideias e opiniões pomposas, esquivando-me do contato com a beleza da vida cotidiana. Adam não me permitia nada disso. Era como se ele me dissesse: "Assim como eu, você tem um corpo, Henri. E tem mais: você é o seu corpo. Não permita que suas palavras e seu corpo sejam coisas distintas. Suas palavras precisam se transformar em corpo e manter-se assim"[170].

Nos anos que se seguiram a seu colapso emocional e a seu retorno a Daybreak, Henri foi aprendendo a abraçar. Sue reparou como o corpo tenso de seu amigo começava a relaxar, ganhando confiança, mostrando-se receptivo e, então, abrindo-se em sinal de boas-vindas e de bênção.

Na Conferência da Rede Católica Nacional sobre Aids ocorrida no verão de 1994, Henri anunciou: *"Quero agora lhes falar sobre o corpo, um tema que me deixa um tanto amedrontado. Em grande medida, o corpo é parte desta conferência"*.

A plateia riu ao ouvir aquele eufemismo. Henri prosseguiu:

"O que aprendi foi que, na verdade, o corpo não é simplesmente uma metáfora e que passei boa parte da minha vida como se assim fosse. Sinto um medo cada vez maior de viver em meu corpo como uma realidade palpável, como o verdadeiro espaço do ser.

---

[170] Nouwen, H. J. M. *Adam, God's Beloved* (p. 49).

Mal consigo encontrar palavras que expressem bem o significado disso tudo, mas sei, de algum modo, que preciso realmente descobrir o que significa ser um corpo, estar num corpo, estar encarnado, ser o templo do Espírito, estar em casa dentro de mim mesmo – e, portanto, em plena intimidade com Deus –, sentir-me em casa em minha morada, onde Deus habita.

Nesta conferência, aprendi que não há apenas um caminho, tampouco mil caminhos. Na realidade, existem inúmeros caminhos que nos permitem ser e estar com o corpo[171].

Quando os Flying Rodleighs irromperam em sua vida, Henri de repente conheceu a expressão artística e não verbal da espiritualidade centrada no corpo, algo que ele vinha buscando. E sentiu que seu corpo inteiro queria participar daquilo: *Quando assisti aos Rodleighs pela primeira vez, afirmei que tinha errado de vocação: eu deveria ter me tornado um trapezista. Por outro lado, meu corpo era totalmente desajeitado; porém, em termos espirituais, em meu íntimo, eu me dei conta de que sempre quis ser um volante*[172].

Ao descobrir o trabalho dos Flying Rodleighs, Henri ficou fascinado com a espontaneidade e a naturalidade das interações físicas do grupo.

Além disso, havia um quê de intimidade. Devo admitir: ser apanhado... Apanhar é uma linda imagem... Apanhar um ser humano que vem voando em sua direção; apanhá-lo

---

[171] Nouwen, H. J. M. As I Have Done So You Are Called to Do (Nouwen Archives).
[172] Entrevista em inglês filmada para o documentário *Angels Over the Net*.

para que ele não caia na rede. Há aí uma enorme intimidade: isso é comprometer-se em poupar o outro de cair.

Rodleigh dá grandes cambalhotas no ar, e Jon o apanha no último minuto antes que ele caia. De imediato, o público suspira: "Ufa, ele está a salvo!" Há alguém do outro lado no exato momento que você precisa dele.

Jon, por sua vez, pendurado pelas pernas, balança de um lado a outro preparando-se para apanhar o colega que voará em sua direção – ele está ali para apanhá-lo, e ambos se seguram nos pulsos um do outro, não nas mãos. Eles meio que deslizam para os braços um do outro, e há uma espécie de aconchego, de segurança, uma sensação de que se está bem sustentado. Na verdade, Jon e Karlene dão ao movimento que fazem no topo da tenda do circo o nome de cradling, ou seja, *"segurar no colo".*

Assim, essa interação, esse tipo de contato um com o outro realmente me toca o coração. É um sentimento muito profundo[173].

Numa carta enviada a Bart, Henri tentou expressar o modo como via algo de espiritual no corpo de cada um de seus amigos trapezistas:

Os Flying Rodleighs expressam alguns dos desejos humanos mais intensos. O desejo de voar livremente e o anseio de ser apanhado com segurança. Em certo sentido, a performance *deles é uma expressão do espírito humano, o qual está, de fato, encarnado nos corpos atléticos dos artistas do trapézio*[174].

---

173 Nouwen, H. J. M. The Flying Rodleighs – The Circus (p. 27-28) (Nouwen Archives).
174 Nouwen, H. J. M. "Letter to Bart Gavigan, 2.12.1994" (Nouwen Archives).

À medida que Henri se sentia mais à vontade em seu próprio corpo, assuntou diversos editores sobre a possibilidade de escrever um livro que abordasse diretamente temas ligados à sexualidade. No verão seguinte, refletiu numa conversa com um jornalista: *Todo ser humano tem uma vida sexual, seja ele celibatário, seja casado, seja o que for. Vida sexual é vida e precisa acontecer como algo que aprofunda a comunhão com Deus e com os nossos irmãos seres humanos. Se não for assim, pode ser bastante prejudicial. Ainda não encontrei a linguagem apropriada para expressar isso, mas espero um dia encontrá-la*[175].

Pouco a pouco, Henri começou a se sentir ligeiramente mais livre e até brincalhão. No início de 1996, ele arrancou gargalhadas de seus editores de Nova York durante um almoço no elegante restaurante Barbetta, quando desabafou animado: *Não pensem vocês que não tenho vontade de fazer sexo com todos que estão aqui agora mesmo! Tenho fantasias como qualquer pessoa!* Os editores ficaram olhando para ele, atônitos, espiando em volta em busca de possíveis reações. Não demorou para que caíssem na gargalhada junto de Henri[176].

---

175 Ford, M. *Lonely Mystic* (p. 57).
176 Conforme relato de um dos editores presentes no encontro.

34

Em 12 de fevereiro de 1996, estando Henri em Nova Jersey, sua secretária lhe telefonou: "Você precisa voltar hoje para Daybreak. Adam está à beira da morte". Algumas horas mais tarde, Henri aguardava a decolagem de seu voo para Toronto, para despedir-se de Adam[177]. Em seu diário, desabafou:

A convivência com Adam em L'Arche Daybreak influenciou profundamente minhas preces, meu senso de identidade, minha espiritualidade e a prática de meu ministério. Adam, o homem que sofre com graves crises de epilepsia e cuja vida parece limitada por suas várias deficiências, tocou a sensibilidade de centenas de assistentes, visitantes e amigos em L'Arche[178].

Henri ficou retido no setor da imigração canadense, mas, por fim, pôde juntar-se aos pais de Adam e a outros amigos em Daybreak, ao redor da cama de hospital em que Adam estava acomodado. Henri descreve a própria conduta, que o revela ansioso para conectar-se ao corpo do amigo: *eu o beijei na testa e acariciei seus cabelos*. As pessoas ali reunidas rezaram com Adam e, na sequência,

---

[177] Registro de 12 de fevereiro de 1996, segunda-feira, no diário sabático de Henri (Nouwen Archives).

[178] *Idem*. Esse trecho também pode ser encontrado em *Sabbatical Journey* (p. 103).

simplesmente ficaram *ali sentados ao lado dele, acompanhando sua respiração.*

Adam morreu naquela noite, de modo bastante tranquilo. Em 14 de fevereiro de 1996, Henri foi até a funerária. *Fiquei profundamente comovido ao ver o corpo de Adam no caixão. A expressão de seu rosto era serena como a de um jovem que tinha acabado de adormecer. Meus olhos se encheram de lágrimas. Eu não conseguia parar de olhar para ele*[179].

Em suas reflexões durante o funeral, Henri pôde perceber como a generosa presença física de Adam havia afetado a todos que o conheceram. Aquela era uma verdadeira história sobre o corpo. Posteriormente, Henri a resumiu do seguinte modo:

Adam me deu um senso de pertencimento. Ele conseguiu me enraizar na realidade de meu ser físico e me ancorou em minha comunidade; nossa convivência me permitiu experimentar a presença de Deus de maneira muito profunda. Se não tivesse tocado Adam, não sei onde eu estaria hoje. Aqueles 14 meses iniciais em Daybreak, período em que lhe dei banho e servi comida, ou simplesmente fiquei sentado a seu lado, me ofereceram o lar que eu vinha buscando; não apenas um lar com pessoas boas, mas um lar dentro de meu próprio corpo, no corpo de minha comunidade, no corpo da Igreja, sim, no corpo de Deus. Eu já tinha ouvido e lido sobre a vida de Jesus, mas nunca fui capaz de tocar ou ver Jesus. Porém, fui capaz de tocar Adam.

---

179 Registro de 14 de fevereiro de 1996, quarta-feira, no diário sabático de Henri (Nouwen Archives). Uma versão desse trecho pode ser encontrada em *Sabbatical Journey* (p. 103).

Cada uma das pessoas que pôde tocar Adam alcançou, de algum modo, a própria inteireza; essa foi a experiência que todos nós tivemos em comum[180].

Poucas semanas após a morte de Adam, Henri e seu amigo Frank Hamilton viajaram ao Novo México. *Quando estiverem em Santa Fé, não deixem de visitar meu amigo Jim*, Fred lhes recomendara com insistência. O restaurante do Hotel El Dorado era o predileto de Jim Smith, escritor e editor, que lhes propôs que almoçassem ali. Tiveram momentos agradáveis, nos quais conversaram sobre suas *histórias pessoais, sobre espiritualidade, sobre livros e, claro, sobre Santa Fé*. Henri e Frank, ambos encantados com Jim, convidaram-no para jantar juntos dali a alguns dias.

Aquela noite foi extraordinária. Após o jantar, mostrei a Jim o documentário Angels Over the Net, *sobre os Flying Rodleighs, e lhe disse que sempre quis escrever um livro sobre o grupo, embora ainda não houvesse encontrado a melhor maneira de fazer isso.*

Jim respondeu de modo radical:

— Você *tem que escrever esse livro, pois dedicou a ele muita energia e muita atenção. É preciso confiar em sua intuição; segundo ela, sua amizade com esses artistas do trapézio lhe permite dizer algo muito importante sobre o sentido da vida.*

— De fato, essa intuição é bastante sólida e intensa, mas tenho medo. Quando assisti aos Rodleighs pela pri-

---
180 Nouwen, H. J. M. *Adam, God's Beloved* (p. 126-127).

meira vez, aquilo tocou em algo muito íntimo e profundo dentro de mim. De maneira muito vigorosa, eles trouxeram novamente à tona os anseios que, aos 17 anos, eu tinha em relação à comunhão, à comunidade e à intimidade. Grande parte desses anseios permaneceu sufocada enquanto estudei no seminário e na universidade, bem como nos vários anos em que lecionei. Eles só se manifestavam em eventuais devaneios, em curiosidades que me eram despertadas e em sentimentos de angústia. Ao chegar a L'Arche, permiti que todos esses sentimentos, emoções e paixões aflorassem de novo. Porém, ao assistir aos Rodleighs, fui catapultado para uma nova consciência. Ali, assisti à materialização artística, em pleno ar, de meus anseios mais profundos. Foi uma experiência tão intensa que até hoje não ouso escrever sobre ela, pois, para tanto, eu teria que dar um passo novo e radical, não apenas em minha escrita, mas também em minha vida.

Jim comentou:

— Eu sabia disso tudo. Pude ver tudo no documentário. Os Rodleighs estão preenchendo em você algo que ficou vazio por muitos anos. Isso tem a ver com sua sexualidade, com sua busca pelo espírito de comunidade e com seu profundo anseio por completude. Se você optar por não escrever o livro, negará a si mesmo uma preciosa oportunidade de crescimento[181].

A fala sem rodeios de Jim e o desafio que ele lhe lançava impressionaram Henri, que então perguntou:

---

181 Registro de 6 de março de 1996 no diário sabático de Henri (Nouwen Archives). Uma versão editada desse trecho pode ser encontrada em *Sabbatical Journey* (p. 121-122).

– *Mas, afinal, que tema adotaremos para o livro?*

– *Comunidade, no sentido mais amplo dessa palavra. Por meio da história dos Rodleighs, você conseguirá expressar os anseios de todas as pessoas. O livro não tratará somente do ato de voar e ser apanhado no ar, mas também da comunidade invisível que dá suporte a tudo o que você consegue identificar nos Rodleighs. Neles, você enxerga amizade, família, cooperação artística, amor, compromisso e muito mais. Definitivamente, esse é o tema do seu livro.*

35

Em maio de 1996, Henri retornou a Santa Fé para passar uma semana escrevendo sob a mentoria de Jim.

O que mais quero é conseguir escrever uma boa história que envolva o leitor do início ao fim. Estou ciente de que Jesus contava histórias, assim como a maioria dos mestres espirituais fazia. Tenho ocupado meu tempo escrevendo sobre Adam e planejo escrever sobre os Flying Rodleighs. Sei bem o que quero comunicar no livro, mas ainda não sei como fazer isso[182].

Henri chegou a Santa Fé no dia 19, a tempo de se encontrar com Jim para um almoço no local favorito desse amigo, o Hotel El Dorado.

Embora eu tenha vindo a Santa Fé para desfrutar da mentoria de Jim quanto a minha escrita, o foco de nossa primeira conversa foi o que faríamos da vida quando tivéssemos entre 60 e 80 anos.

Essa é uma questão que me causa alguma ansiedade e que tem importância cada vez maior para mim. Com o passar dos anos, construí certa reputação. Quando olham para mim, todos me veem um padre da Igreja Católica,

---

[182] Registro de 17 de maio de 1996, sexta-feira, no diário sabático de Henri (Nouwen Archives). Esse trecho também consta em *Sabbatical Journey* (p. 167).

um autor de livros sobre espiritualidade, um membro de uma comunidade para pessoas com deficiências mentais, alguém que ama a Deus e às pessoas. Ser reconhecido dessa forma é maravilhoso.

Porém, nos últimos tempos, tenho visto isso tudo como algo cada vez mais limitador, pois sinto uma espécie de pressão interna para que eu corresponda a essa reputação, fazendo, dizendo e escrevendo coisas que atendam às expectativas de quem me conhece. A Igreja Católica, a Comunidade L'Arche, minha família, meus amigos e meus leitores, todos têm um conjunto de interesses aos quais esperam que eu dê atenção.

Porém, como já estou na casa dos 60 anos, há dentro de mim novos sentimentos, ideias, emoções e paixões que destoam de meus antigos sentimentos, ideias, emoções e paixões.

Qual é a minha responsabilidade em relação ao mundo à minha volta e a mim mesmo? O que significa ser fiel à minha vocação? Será que isso exige que eu seja coerente com meu antigo estilo de vida e minha antiga maneira de pensar? Ou será que exige a coragem de me movimentar em novas direções, mesmo que isso implique desapontar muita gente?

Tenho consciência cada vez maior de que Jesus morreu quando tinha 30 e poucos anos e que já vivi 30 e poucos anos a mais do que Ele. Como será que Jesus teria vivido e quais ideias Ele teria cogitado caso vivesse o mesmo tempo que eu? Não sei dizer.

Entretanto, novas questões e preocupações me surgem a esta altura do campeonato, coisas que não existiam no *passado. Elas se referem a todos os aspectos da vida: intimidade, comunidade, oração, amizade, trabalho, Igreja, Deus, vida e morte. Como posso ser livre o suficiente para não temer nenhuma dessas preocupações, mas permitir que elas surjam, sejam quais forem as consequências? Isso tudo me assusta bastante*[183].

No meio da semana, o piloto do jatinho de Joan Kroc buscou Henri para um almoço em San Diego. À época, ambos estavam lendo biografias de artistas: Joan lia sobre o poeta Gerard Manley Hopkins, e Henri terminara a biografia da pintora Georgia O'Keeffe. Henri deu a Joan algumas reproduções de cartões artísticos feitos por O'Keeffe, presente que deixou a filantropa encantada.

Quanto mais leio sobre O'Keeffe e contemplo seus quadros, maior afinidade sinto pelo trabalho dela. As dificuldades que ela enfrentou tanto em seus relacionamentos quanto para desenvolver seu estilo artístico – indo e vindo de Nova York ao Novo México – revelam uma pessoa com grande necessidade de amor, afeto e apoio emocional, mas também de independência, liberdade, solitude e espaço para dar vazão à própria criatividade. Essa intensa busca por intimidade e solitude compõe a arte criada por O'Keeffe.

Após o almoço, Joan serviu sorvete para Henri e para si. *No caminho de volta para casa, Joan dirigia ao mesmo*

---

[183] Registro de 19 de maio de 1996, domingo, no diário sabático de Henri (Nouwen Archives). Uma versão editada desse trecho pode ser encontrada em *Sabbatical Journey* (p. 168).

tempo que tomava seu sorvete. Resultado: o carro seguia em zigue-zague pela estrada. E eu gritava:
   – Cuidado! Você quase passou reto por aquela curva! Cuidado! Você quase bateu naquele carro.
   – Ah, mas que engraçado! Você sentindo medo... – dizia ela.

No fim, Joan admitiu que era melhor parar no estacionamento e terminar seu sorvete[184].

Henri retomou a escrita do livro no Novo México. No fim daquela semana, ele havia reunido cuidadosamente inúmeras anotações e várias folhas manuscritas, as quais guardou numa pasta. Aquele período em que se voltara a personalidades do mundo da arte lhe fora bem prazeroso. Também pensara um bocado em suas conversas com Jim sobre os medos e anseios que sentia ao considerar suas perspectivas de vida no futuro. Chegara mesmo a terminar boa parte do primeiro rascunho de um livro, mas o texto remetia apenas ao seu amigo Adam. Henri ainda não escrevera nada sobre os Flying Rodleighs.

---

[184] Esse encontro com Joan está registrado nos apontamentos de 22 de maio de 1996 do diário sabático de Henri. Já as reflexões dele sobre O'Keeffe constam no registro de 20 de maio de 1996 (Nouwen Archives).

36

O movimento do guindaste produz um zumbido e um leve rangido. Para Henri, o som parece curiosamente tranquilizador. Como não gostaria de estar sozinho durante esta "viagem", ele se sente grato por Dennie estar ao seu lado[185].

No início de julho, Henri desembarcou na plataforma da estação ferroviária em Oberursel, na Alemanha, e olhou ansioso ao redor, à procura de Rodleigh. Ao se encontrar, os dois trocaram um forte abraço e logo partiram rumo ao circo.

9 de julho de 1996

Eu não imaginei que ficaria tão emocionado ao reencontrar os Rodleighs. Quando dei por mim, estava chorando ao vê-los voando e sendo apanhados sob a lona do circo.

Enquanto observava os movimentos dos trapezistas no ar, fui tomado pela mesma emoção profunda que senti

---
185 Henri escreve sobre isso em *Here and Now* (p. 85-86).

quando eu e meu pai assistimos à apresentação deles pela primeira vez, em 1991. Não é fácil descrever essa emoção, pois ela nasce da experiência de uma espiritualidade que ganha corpo. Nela, corpo e espírito estão em total união. O corpo, com sua beleza e elegância, expressa o espírito de amor, amizade, família e comunidade, e o espírito nunca abandona o aqui e agora do corpo[186].

Observando Henri, Rodleigh disse a Jennie em tom de lamento: "Quem me dera poder fazer Henri habitar meu corpo para que ele sentisse a intensa alegria de voar até o portô e experimentasse o sentimento de celebração que nos sobrevém quando retornamos ao pedestal com segurança"[187]. Rodleigh sugeriu a Jon que eles talvez pudessem ao menos dar a Henri uma pequena amostra daquela experiência. Assim, no dia seguinte, Henri novamente se aventurou no trapézio, desta vez acompanhado de um portô.

Terminado o ensaio da trupe, Rodleigh me perguntou se eu queria me balançar no trapézio. Primeiro, ele me ajudou a subir na rede e me mostrou como escalar a longa escada de cordas até o pedestal. Aquela era a segunda vez que eu fazia isso desde que conhecera os Rodleighs. O pedestal é um lugar intimidador, pois o espaço abaixo e ao redor dele parecem imensos, imponentes. Kerry e Slava ajustaram em mim o cinto de segurança e me passaram a barra. Ao segurar a barra, eu me perguntei se seria capaz de aguentar o peso de meu próprio corpo; porém, tão logo

---

[186] Registro de 9 de julho de 1996, terça-feira, no diário sabático de Henri (Nouwen Archives). Esse trecho também consta em *Sabbatical Journey* (p. 194-195).
[187] Stevens, R. What a friend we had in Henri (p. 39) (Nouwen Archives).

me ergueram e me soltaram, senti-me à vontade para balançar várias vezes sobre a rede. Tentei dar um impulso adicional movimentando meus pés para subir um pouco mais alto, mas o fôlego começou a me faltar. Então Rodleigh me disse: "Pule", então me deixei cair na rede. Repeti a sequência inteira novamente, desta vez de um modo um pouco mais gracioso.

Em seguida, Rodleigh quis me dar uma ideia da sensação de ser apanhado e conduzido pelo portô. Assim, subi a escada até me colocar à altura do portô, e Jon, que estava pendurado de ponta-cabeça numa das barras, segurou-me pelos pulsos e deixou que eu ficasse suspenso ali por um tempo. Quando olhei para cima e vi seu rosto de ponta-cabeça, imaginei como seria me balançar sendo segurado por ele. De modo geral, fiquei muito feliz com a experiência. Aquela foi a ocasião em que mais me aproximei do que é ser um artista do trapézio![188]

Concluída a apresentação vespertina, Rodleigh me convidou a fazer-lhe companhia no caminhão enquanto ele recobria a barra do trapézio com novas bandagens de elástico. Eu não tinha ideia de quanto cuidado estava envolvido naquele trabalho. Praticamente toda semana, é preciso recobrir as barras com novas ataduras, de modo que estas não deslizem quando o trapezista segura nelas, e também para evitar que causem bolhas nas mãos dele.

Jennie filmou a sessão de ensaios e a apresentação vespertina. Quando assisti a mim mesmo balançando na barra do trapézio, eu me senti meio bobo. A cena era patética.

---

188 Registro de 10 de julho de 1996, quarta-feira, no diário sabático de Henri (Nouwen Archives). Uma versão ligeiramente modificada desse trecho pode ser encontrada em *Sabbatical Journey* (p. 195-196).

Porém, assistir à apresentação vespertina completa foi um grande presente. Acima de tudo, acompanhar em câmera lenta todos aqueles movimentos complicados nos permite apreciar ainda mais a extrema habilidade artística dos Rodleighs.

Durante a apresentação da noite, dei-me conta de como fico ansioso ao ver a trupe em ação. Quanto mais sei sobre a performance *deles, mais difícil é vê-los em ação. Por conhecer os Rodleighs tão bem, e por saber das inúmeras possibilidades de erro envolvidas na apresentação, olho para eles como uma mãe que observa os filhos fazerem coisas perigosas. Sinto um enorme alívio quando, no fim, tudo dá certo. A plateia que lotava o circo ficou em êxtase, batendo os pés e aplaudindo com enorme entusiasmo*[189].

No último dia da visita de Henri, Rodleigh e Jennie o levaram de carro até a estação ferroviária de Frankfurt. *Foi uma despedida calorosa e profundamente sentida. Hoje, percebo quanto nossa amizade cresceu nestes anos todos e quanto aprendemos a apreciar a presença uns dos outros. Os dois dias que passei em Oberursel foram muito inspiradores. Reconheço que estar com os Rodleighs é uma das melhores maneiras de eu realmente "me distanciar de todo o resto" e ter uma experiência revigorante e relaxante*[190].

---

189 Registro de 10 de julho de 1996, quarta-feira, no diário sabático de Henri (Nouwen Archives).
190 Registro de 11 de julho de 1996, quinta-feira, no diário sabático de Henri (Nouwen Archives).

37

Ao olhar para baixo, para a área do estacionamento, Dennie solta um suspiro. Ele não se surpreende ao constatar que uma pequena multidão havia se formado ali embaixo, atraída pelos equipadíssimos caminhões do corpo de bombeiros e intrigada com o fato de uma pessoa estar sendo transportada para fora de uma janela. O dia está nublado e fresco. Deve haver ainda mais gente assistindo à cena de suas janelas no hotel. Não é para menos: trata-se de uma situação bastante incomum. É difícil proteger a privacidade de um paciente; não há como esconder um resgate feito através de uma janela. Henri mantém os olhos fechados. Dennie espera que ele não se sinta tão exposto quando notar a presença daquela plateia.

"Daqui dá para ver o motorista da nossa ambulância e também os outros bombeiros, na calçada, à nossa espera", o paramédico comenta com Henri. Então acrescenta, meio que pedindo desculpas: "Esta movimentação pouco comum atraiu algumas pessoas. Lamento, mas isso tudo virou uma espécie de circo".

Henri parece dar um sorrisinho discreto, mas não diz nada.

.. ● ● ●..

Alguns dias após encontrar-se com os Flying Rodleighs, Henri tirou da gaveta os últimos diários que comprara para usar em seu ano sabático. Nas capas duras desses cadernos, havia reproduções de quadros do Museu Metropolitano de Arte de Nova York. Eram dois diários idênticos, com capas brilhantes que exibiam detalhes do sarcófago egípcio de Khnum-Nakht, o qual soma cerca de 4 mil anos. Henri contemplou uma das capas, atentando-se à imagem de uma porta que separa os vivos dos mortos. Olhos grandes e meditativos ilustrados acima dessa porta observavam, da terra dos mortos, a terra dos vivos, e cumprimentavam Henri diariamente à medida que ele registrava seu ano sabático[191]. A cena o fazia lembrar de uma passagem que ele escrevera em 1992: *Sei agora que devo falar da eternidade no cotidiano; da alegria duradoura na realidade passageira de nossa breve existência neste mundo; da casa do amor na casa do medo; da presença de Deus nas dimensões humanas. Estou bem ciente da grandiosidade desta vocação. Ainda assim, confio que este seja o único caminho. Poderíamos*

---

[191] Esses diários do período sabático de Henri integram o acervo do centro de pesquisa Nouwen Archives. Na contracapa de cada um, consta a identificação da imagem que a estampa. O *site* do Metropolitan Museum of Art descreve tais imagens: "No lado esquerdo do sarcófago, há uma fachada arquitetônica em cujo centro existe uma pequena passagem, a qual equivale à porta falsa do Antigo Reino, que dava aos espíritos dos mortos a possibilidade de transitar entre a terra dos mortos e a terra dos vivos. A pintura foi feita de modo a assemelhar-se a duas portas de madeira fixadas por parafusos. Encimando as portas, dois olhos observam a terra dos vivos". Cf. Coffin of Khnumnakht. *The Met*. https://www.metmuseum.org/art/collection/search/544326

chamá-lo de visão "profética" – contemplar o mundo e as pessoas através dos olhos de Deus[192].

Os dias tranquilos que passou com Rodleigh e a trupe haviam sido uma pausa muito bem-vinda, pois a primavera e o verão de 1996 foram bastante estressantes. Por semanas, Henri refletiu sobre questões suscitadas em suas conversas com Jim Smith em Santa Fé, acerca de como viveria as décadas seguintes. Durante anos, alguns amigos de Henri insistiram que ele assumisse sua condição de homossexual, tornando-se um exemplo a ser seguido[193]. Não raro, Henri se sentia intranquilo por saber que alguém poderia revelar sua orientação sexual sem seu consentimento[194]. Em julho, numa carta a um amigo, ele escreveu sobre o que chamava de *conflito insolúvel*: *minha sexualidade continuará sendo para mim uma fonte de grande sofrimento até eu morrer. Acho que não há nenhuma "solução". Decerto, esta é a "minha dor" e tenho que assumi-la. Qualquer "solução relacional" que eu possa encontrar será um desastre. Sinto que recebi um profundo chamado de Deus para viver bem os meus votos, mesmo que isso implique grande sofrimento. Mas confio que esse sofrimento dará bons frutos*[195].

Em 31 de julho de 1996, Henri abriu seu diário e leu as confidências que fizera a seu amigo Nathan Ball. *Finalmente me senti preparado para falar com Nathan sobre*

---
192 Nouwen, H. J. M. *A volta do filho pródigo* (p. 25).
193 Cf. Jonas, R. A. (ed.) (2009). *The essential Henri Nouwen* (p. xxxviii-xl). Shambhala. • Ford, M. *Wounded prophet* (p. 193-194).
194 Tive conhecimento disso por intermédio de amigos de Henri.
195 Frases que constam em cartas de Henri datadas de julho de 1996 e citadas por Gabrielle Earnshaw em *Love, Henri* (p. xv).

a ansiedade que vinha me perturbando nos últimos meses. Senti-me um tanto constrangido e envergonhado por descarregar um fardo íntimo nas costas de meu melhor amigo, mas estou feliz por ter conseguido fazer isso. O mais difícil para Nathan, mais do que ouvir à minha confissão dolorosa, foi dar-se conta de que guardei comigo essa dor durante muito tempo, sem compartilhá-la com ele[196].

Ao ler o que havia escrito, Henri começou a roer as unhas, distraído, até que, a certa altura, se surpreendeu ao constatar que elas já haviam sido completamente desbastadas[197]. *Volta e meia me pergunto como eu seria capaz de sobreviver emocionalmente sem essa amizade tão leal,* acrescentou no diário[198].

As semanas seguintes do período sabático de Henri foram agitadas, mas o livro sobre o trapézio estava sempre presente em seu pensamento. *O trapézio foi a minha porta secreta,* ele escrevera a Jim Smith no início daquela primavera. *Mas eu sentia que não seria capaz de atravessá-la sozinho. O trapézio é uma porta que só pode ser atravessada na companhia de alguém*[199]. Jim releu

---

196 Registro de 4 de maio de 1996, sábado, no diário sabático de Henri (Nouwen Archives). Uma versão ligeiramente modificada desse trecho pode ser encontrada em *Sabbatical Journey* (p. 207).
197 O casal Gavigan escreveu: "Era incrível como ele se mostrava pouco à vontade em relação a seu próprio corpo. Para perceber a batalha interna travada por ele, bastava ver o modo como caminhava ou olhava de relance para as unhas totalmente roídas de suas mãos". Cf. Collision and Paradox. *In*: Porter, B. (ed.). *Befriending Life* (p. 55).
198 Registro de 31 de julho de 1996, quarta-feira, no diário sabático de Henri (Nouwen Archives).
199 As duas afirmações acerca do trapézio constam em carta de 25 de março de 1996 enviada por Jim Smith a Henri (Nouwen Archives) e são aqui mencio-

várias vezes esta última frase antes de responder à carta de Henri. Equiparar o trapézio a uma porta que só pode ser atravessada na companhia de alguém poderia soar como uma metáfora confusa, mas a frase lhe agradou. Tratava-se, ali, de um convite.

---

nadas com a permissão de Jim. Na carta, ambas as afirmações são enfatizadas e repetidas por Jim como parte de uma resposta que ele dá a Henri.

38

Em agosto, Joan Kroc convidou Henri para passar um fim de semana em sua casa na Califórnia, a fim de que dessem continuidade à conversa sobre vida espiritual. Uma vez mais, o jatinho dela o buscaria.

Ela me recebeu com muito carinho e me levou direto para um restaurante[200]. Quatro amigos de Joan já estavam lá, à nossa espera. Sabendo do interesse de Henri por expressões artísticas, Joan havia convidado um consultor de arte que a ajudara na aquisição de itens para sua coleção. *Um homem muito gentil e simpático, mas que sofre do mal de Alzheimer e precisa da supervisão constante de um cuidador. Um jovem que vinha exercendo esse papel nos últimos oito meses o acompanhava à mesa. Durante o almoço, o rapaz demonstrou notório estado de alerta, então pudemos seguir tranquilamente com a nossa conversa.*

Henri gostou muito do que conversaram sobre arte, religião e espiritualidade. Terminado o almoço, ele e Joan seguiram para o Lago Hodges, parando para um drinque num pequeno restaurante mexicano. Logo que chegaram à casa de Joan, Henri tirou uma soneca vespertina; à noite os dois foram jantar no restaurante Mille Fleurs.

---

200 Registro de 16 de agosto de 1996, sexta-feira, no diário sabático de Henri (Nouwen Archives).

No jantar, tivemos uma conversa séria sobre questões ligadas ao aborto e ao direito à vida. Contei a ela muitas coisas sobre Adam. *Sem ele, minha vida – e também a de muitas outras pessoas – não teria sido tão intensamente abençoada.*

Na manhã seguinte, conduzindo seu Jaguar conversível, Joan levou Henri ao Burger King®, onde ela lhe compraria o café da manhã: *croissants* de presunto. *Este é um mimo especial que lhe faço. Sei que sou uma garota levada,* disse a herdeira da fortuna da rede McDonalds®.

Sentado no terraço de Joan, comentei com ela o contínuo desejo de Deus de se aproximar de nós. "Deus é o Deus-para-nós, aquele que nos protege, o Deus-conosco que compartilha de nossos conflitos humanos, e o Deus-dentro-de-nós que habita nosso coração." *É dessas três maneiras que Deus se relaciona fielmente com cada um de nós.*

"Deus não quer ser temido por ninguém. Ele quer ser amado. Quer estar tão perto de nós quanto nós mesmos, ou ainda mais perto." *Joan me ouvia com grande atenção. Tivemos uma boa conversa, um bate-papo muito íntimo, muito honesto e sincero.*

Na hora do almoço, Joan resolveu que Henri deveria se divertir um pouco.

Vamos a Del Mar assistir às corridas de cavalo, disse ela. *Tenho meu próprio camarote, e poderemos almoçar enquanto fazemos nossas apostas. Depois dessa sua aula de espiritualidade, eu lhe darei uma aula de decadência!*

Foi uma experiência e tanto! O camarote dava para um salão muito agradável, com máquinas de apostas e um amplo balcão com vista para a pista de competição; havia também um aparelho de TV, no qual podíamos ver close-ups das corridas. Joan me entregou um tíquete de apostas no valor de cinquenta dólares. Dali a minutos, eu estava tomado pelo desejo de vencer! Não demorou para que eu percebesse o forte apelo das apostas. "Quem sabe, na próxima vez, eu possa ganhar uma fortuna aqui... Quem sabe?..."

Por fim, Joan propôs que voltássemos para casa. *No fim das contas, eu havia perdido algum dinheiro nas apostas, então Joan me disse: "Por que você não resgata o valor do seu tíquete? Assim, terá a sensação de que saiu no lucro".* Efetuei o resgate e saí com um saldo de 32 dólares.

Ao chegar em casa, celebramos a liturgia na sala de estar. Joan sugeriu: "Que tal convidarmos Angela, nossa cozinheira, para se juntar a nós?"[201] Era uma tarde de sábado, mas, como teria de passar boa parte do domingo no voo de volta a Nova Jersey, Henri se valeu das leituras bíblicas que fizera para a missa dominical. "Que os povos te louvem, ó Deus, que te louvem todos os povos" [Sl 36,6], recitaram juntos o salmo bíblico.

Joan observou o amigo erguer as grandes mãos, gesto que ele adorava fazer e que praticara milhares de vezes, elevando o corpo de Cristo no pão consagrado.

Mais tarde, durante o jantar, ocorreu a Joan uma ideia. "Henri...", começou ela, fazendo então uma pausa. (Em geral, Henri é quem tinha novos *insights* sobre

---

[201] Registro de 17 de agosto de 1996, sábado, no diário sabático de Henri (Nouwen Archives). Uma versão abreviada desse trecho pode ser encontrada em *Sabbatical Journey* (p. 214-215).

Deus.) "Lembra do que você me disse um dia desses, sobre Deus para nós, conosco e dentro de nós? Já lhe ocorreu que, quando você reza uma missa e ergue o pão dizendo 'o Corpo de Cristo', isso se parece com o número do trapézio sobre o qual você fala o tempo todo? É como se Jesus estivesse voando em sua direção e você fosse o portô."

Perplexo, Henri fixou o olhar em Joan e, depois, em suas próprias mãos. Ele nunca havia pensado naquilo. Escrevera muitas vezes sobre suas mãos, cada vez mais envelhecidas, e sobre como ele as estendia para abençoar as pessoas. Porém, naquele momento, imaginou suas mãos segurando o corpo de Jesus na consagração e estendidas para alcançar Deus, que já está em movimento[202]. Então, ocorreria o *cradling*: segurar no colo. Fazia cerca de quarenta anos que Henri agarrava Deus e o segurava[203].

Diante dos olhos arregalados de Henri, Joan deu um largo sorriso. "Você está sempre me dizendo para confiar, confiar, confiar, não é? Talvez Deus também precise confiar. Confiar em você. Confiar em todos nós."

Joan voltou a encher a taça de Henri com o Rothschild 1973 que tomavam juntos[204]. Henri deu um gole,

---

[202] Eu me permiti inventar o trecho em que Joan sugere a Henri que ele pode ser o portô de Deus. Devo essa sugestão a Geoffrey Whitney-Brown.

[203] Henri foi ordenado sacerdote da arquidiocese de Utrecht, na Holanda, em 21 de julho de 1957.

[204] Em seu diário, Henri descreve essa refeição: "Às 19h, num agradável restaurante mexicano, Joan e eu comemos *enchiladas* com arroz; a refeição foi acompanhada de uma garrafa de vinho que eu nunca havia provado: um Rothschild safra 1973! Joan comentou: 'Ele desce muito macio, não acha? Ray comprou esta garrafa vinte anos atrás. Aqui diz que é preciso ser consumido antes do ano 2000'". Esse episódio é relatado no registro de 17 de agosto de 1996, sábado, no diário sabático de Henri (Nouwen Archives).

degustando o vinho aveludado, mas também saboreando aquele novo *insight*.

Joan insistiu: "Lembra-se da carta que você me enviou ano passado? Eu me recordo de praticamente todas as palavras escritas ali. Você escreveu: *'por mais estranho que isso possa parecer, nós podemos ser como Deus para os outros. É possível amar sem pedir amor em retribuição. Esse é um amor sólido, enérgico, vital e muito ativo'*[205]. O amor que você descreveu ali é disciplinado, chega mesmo a ser atlético, como um artista do trapézio".

Por muitas vezes, Joan e Henri já haviam compartilhado impressões sobre a grande dificuldade que ambos tinham de crer no amor incondicional de Deus e em confiar neles próprios. "Esse amor nos envia ao mundo para servirmos com alegria. É como você sempre diz: se Deus confia em nós, então também podemos fazer isso"[206].

---

[205] Nouwen, H. J. M. & Earnshaw, G. (ed.). *Love, Henri* (p. 333). • Depois do fim de semana em que esteve com Joan, Henri escreveu, em seu diário sabático, no registro de 18 de agosto de 1996: "Tenho a sensação de que Joan e eu nos sentimos mais à vontade juntos, e estamos, de fato, nos tornando amigos, uma amizade que nos permite falar abertamente e com franqueza sobre nossas verdadeiras preocupações. Parece-me que todo o luxo do ambiente à minha volta me distraiu menos desta vez. Tenho a impressão de que o tempo que passamos juntos foi espiritualmente valioso" (Nouwen Archives). Sete anos mais tarde, estando Joan Kroc em estágio terminal de câncer, Lisa Napoli escreveu: "a esta altura, pouco lhe restava a fazer além de folhear a Bíblia encadernada em couro que lhe fora presenteada pelo falecido Padre Henri Nouwen" (*Ray & Joan*, p. 12).

[206] Numa carta enviada à sua neta Amanda, por ocasião do 21º aniversário desta, Joan escreveu: "Quero que você acredite que a vida dedicada ao serviço é uma vida feliz. Sirva aos outros com alegria..." Um vídeo em que Amanda lê em voz alta a carta enviada por Joan está disponível em https://www.youtube.com/watch?v=BQ8znSUilLc

39

Deitado sobre a maca, Henri se concentra numa respiração lenta, do modo que Dennie o ensinara. Inspire, dois, três; expire, dois, três. Inspire, dois, três; expire, dois, três. Inspire, dois, três; expire: dois, três.
A vida tem um equilíbrio precário. Às vezes, perco o equilíbrio; então, a escrita me ajuda a reencontrá-lo. Tudo o que quero é escrever as coisas que ocupam minha mente, para que, no fim, eu possa compreender melhor meus próprios conflitos[207].

Sem equilíbrio. Pouco antes, na primavera, Henri havia confessado em seu diário: *Aqui dentro, sinto uma aflição enorme. Sinto uma grande impotência diante de sentimentos que flutuam livres: amor, ódio, rejeição, atração, gratidão e arrependimento. Percebo que ando pelo mundo tomado por emoções profundas e ocultas, e que não é preciso muito para trazer tudo isso à tona e me desequilibrar*[208].

Henri inspira novamente, e expira dando um suspiro. De fato, falta-lhe equilíbrio. Talvez essas emoções inquie-

---
[207] Henri em entrevista concedida a Jan van den Bosch para o documentário *Henri Nouwen*: The Passion of a Wounded Healer (EO Television, 2006).
[208] Registro de 4 de maio de 1996, sábado, no diário sabático de Henri (Nouwen Archives). Uma versão editada desse trecho pode ser encontrada em *Sabbatical Journey* (p. 160).

tantes e ocultas revelem que sua vida tem sido uma sucessão de desequilíbrios e fracassos. Como quem cutuca um dente cariado para ver se ainda dói, ele tenta incitar algumas das próprias inseguranças, sentimentos que lhe são bastante familiares.

E quanto ao livro dedicado aos Rodleighs, que há tempos vem lhes prometendo? Eles são artistas talentosos e magníficos. É grande a probabilidade de se decepcionarem com qualquer coisa que ele escreva.

Henri tenta fazer a si mesmo uma nova pergunta para ver em que medida ela lhe soa delicada: Será que sua vida não passava de uma história sem sentido, vagando de um lugar a outro, como um fantasma faminto[209]? Será que sua vida era tão patética quanto os esforços que ele fazia ao subir no trapézio? Não era difícil que Henri percebesse a própria vida dessa maneira. Era como se ele estivesse assistindo a si mesmo no vídeo: pendurado no trapézio, sem energia, pouco antes de se deixar cair na rede.

Porém, neste momento, atado à maca, não há nada que alimente os medos que lhe são tão familiares; na verdade, eles lhe parecem quase cômicos. Henri se lembra, então, de que seu constrangimento inicial ao ver a si mesmo no vídeo, agarrando-se desajeitado ao trapézio, logo se transformou em divertimento na presença dos amigos que o incentivavam. As cenas do vídeo haviam arranca-

---

[209] Em seu diário sabático, no registro de 6 de fevereiro de 1996, Henri escreveu sobre como o fascinava o conceito de "fantasma faminto" no budismo tibetano. Em 7 de fevereiro, registrou, com seu humor autoconfiante, que ao longo de todo o dia se sentira como um fantasma faminto (Nouwen Archives).
• Cf. tb. *Sabbatical Journey* (p. 99-100).

do risos discretos da pequena "plateia", risos esses que se tornaram gargalhadas quando Henri reclamou que a gravação o exibia com dois pés esquerdos e somente os dedões das mãos[210]. Na reação divertida deles, havia aceitação incondicional. Em meio àquelas gargalhadas, Henri tampouco conseguia deixar de rir, juntando-se à alegria do grupo, mesmo sendo ele mesmo o alvo da gozação. Rodleigh, Jennie e os outros não viam tristeza nenhuma nesse riso condescendente de Henri. Os amigos adoravam a oportunidade de propiciar a ele a experiência do trapézio e se orgulhavam dele por haver agarrado a chance de imediato.

Henri também se dá conta de que a patética cena de seu corpo esquelético se balançando no trapézio era uma visão que se tinha de fora para dentro. Em seu interior, porém, havia muito dinamismo! Ele conseguiu! Escalou a escada de cordas e, com a ajuda dos membros da trupe, alcançou o trapézio e se lançou do pedestal. Até mesmo Rodleigh ficara impressionado com o destemor do amigo. Para Henri, foi eletrizante poder balançar por alguns momentos segurando as mãos de Jon, enquanto olhava para o sorriso de ponta-cabeça que lhe dava o portô. Até mesmo o instante em que abandonou o peso do próprio corpo e ricocheteou na rede lhe trouxe alegria, pois foi compartilhado com amigos.

Não, não... Patético mesmo teria sido renunciar àquele desejo avassalador de ir até Selma e perder a chance

---

[210] Essa cena também é descrita em "What a friend we had in Henri" (Stevens, p. 22-23) (Nouwen Archives).

de dar uma carona a Charles, caminhar, cantar, comer e dormir sentindo um misto de medo e alegria naquela comunidade extraordinária. Ou então permanecer naquele reduto onde predominavam pessoas brancas em vez de juntar-se à multidão no funeral de Martin Luther King Jr. Patético teria sido ficar em Harvard, tornando-se cada dia mais infeliz e solitário. Patético teria sido recusar o convite para juntar-se à Comunidade Daybreak ou evitar amizades surpreendentes como as de Bill, Adam e muitos outros. Ou sucumbir ao medo de ser rejeitado e deixar de retornar a Daybreak após o colapso emocional que sofrera. Ou, receoso, privar-se de comparecer às duas edições da Conferência Nacional sobre Aids.

E realmente patético teria sido continuar sentado na arquibancada do circo, ansioso para encontrar os artistas, mas paralisado por seu próprio constrangimento.

Em vez disso tudo, Henri seguiu o próprio coração, seu chamado interior, até mesmo nas situações em que essa escolha implicou abandonar a segurança, tentando, repetidas vezes, alcançar algo que ainda estava além de sua compreensão.

É claro: muitas vezes, ele sentiu que lhe faltava o equilíbrio. É necessário que o volante perca completamente o equilíbrio, lançando-se do pedestal rumo à barra do trapézio para, então, entregar-se ao movimento na direção do companheiro que está diante de si, antes de poder agarrar-se firmemente à barra mais uma vez. O único modo de fazer isso é perdendo o equilíbrio.

Sua vida tem se pautado na confiança, e ela ainda não terminou. Henri mal pode esperar para contar a Rodleigh que voou através de uma janela.

Mesmo com todos os eletrodos atados em seu peito, há tempos Henri não se sentia tão pouco dominado pela ansiedade. Há tempos não experimentava tanta compaixão por seu eu amedrontado e vulnerável, que estava sempre tateando em busca de uma vida generosa e corajosa. Houve inúmeras quedas em sua vida, e muitas delas não foram nada graciosas.

Poucos meses antes, no bate-papo com Joan, Henri a havia encorajado: *Quando reafirmamos de maneira radical o incondicional amor de Deus por nós, somos capazes de perdoar aqueles que nos magoaram e, por meio de nosso perdão, libertá-los*[211]. Deitado na maca, em sua "*performance* aérea", Henri se lembra da conversa franca que os Rodleighs tinham ao fim de cada apresentação, discutindo juntos seus êxitos e fracassos. Então, ele faz uma breve prece de contrição e boa-vontade, perdoando a todos e a si mesmo.

Viver implica enfrentar quedas. Assim é a vida; nisso consiste toda ela. Quantas vezes ele já disse essa frase às pessoas?

Às vezes, penso como seria se eu não tivesse mais nenhuma necessidade de julgar os outros. Eu caminharia sobre a terra de um modo muito mais leve[212].

---

211 Nouwen, H. J. M., & Earnshaw, G. (ed.). *Love, Henri* (p. 333).
212 Nouwen, H. J. M. As I have done so you are called to do (Nouwen Archives). • Cf. tb. Nouwen, H. J. M. *Here and now* (p. 60-61).

Henri também se põe a imaginar como seria se ele parasse de julgar a si mesmo, se começasse a olhar para sua própria vida *através dos olhos de Deus*[213]. Um artista do trapézio não é capaz de executar seu número sozinho. *O número só se completa quando o volante salta a partir da plataforma, é apanhado pelo portô e então retorna com segurança ao pedestal*[214]. O volante precisa confiar no portô, tendo a certeza de que este não só vai apanhá-lo no ar como vai impulsioná-lo para o voo seguinte.

De modo indireto, os Rodleighs estão me dizendo: "Não tenha medo de se lançar a um pequeno voo; não tenha medo de dar saltos duplos ou triplos, nem de realizar alguns layouts. *Caso não consiga alcançar as mãos do portô, você cairá na rede, mas que problema há nisso? Acima de tudo, arrisque-se, e confie, confie, confie." É desse modo que o trapézio se aplica à minha existência. A vida está repleta de novas possibilidades, repleta de novas aventuras, e eu simplesmente quero continuar experimentando tudo o que ela me traz*[215].

Henri se sente leve, cada vez mais leve.

A caçamba do guindaste toca o chão da rua, dando um solavanco.

---

213 Nouwen, H. J. M. *A volta do filho pródigo*, p. 25. (Citado no capítulo 37 desta obra.)
214 Trecho de autoria de Henri coletado em original datilografado intitulado "Technicalities of trapeze movements: I. The full-twisting double lay-out by Rodleigh" (maio 1992, p. 9) (Nouwen Archives).
215 Entrevista em inglês filmada para o documentário *Angels Over the Net*.

Henri ouve a voz de Dennie: "Chegamos. Você não precisa fazer nada. Temos aqui oito bombeiros para transportá-lo até a ambulância".

Henri abre os olhos, ainda meio atordoado e surpreso ao constatar que a descida terminou.

Sente-se como se tivesse sido elevado[216].

---

216 O cap. 2 desta obra traz esta afirmação de Henri: *o trapézio se transformou num sonho para mim*. *Tornar-me um trapezista simbolizava a realização do desejo humano de autotranscendência, isto é, de elevar-se acima de si mesmo e ver como num lampejo a essência das coisas*. A frase final de *Can you drink the cup?* (Ave Maria Press, 1996), último livro que Henri publicou em vida, diz: "Juntos, quando bebemos do cálice em que Jesus bebeu, somos transformados num único corpo, o do Cristo vivo, sempre morrendo e sempre ressuscitando para salvar o mundo" (p. 111).

Epílogo

Ao saltar da plataforma, cada um dos três volantes se balança agarrado à barra e dá cambalhotas e rodopios livremente no ar; então, é apanhado com segurança por um dos dois portôs. Nesse ínterim, de algum modo vislumbro o mistério de que sou filho amado de Deus: o mistério no qual a liberdade plena e a união completa são uma coisa só, e no qual o desapego total e a sensação de estar conectado a tudo podem coexistir[217].

Henri não morreu. Pelo menos, não naquela ocasião. Minutos depois, ele chegava ao hospital em segurança[218].

O pai de Henri, bem como os irmãos e a irmã do recém-hospitalizado, chegou para lhe fazer companhia. Do outro

---

217 Nouwen, H. J. M. Chapter I (p. 9-10) (Nouwen Archives).

218 Um relato dos últimos dias de Henri no hospital está no posfácio de Nathan Ball a *Sabbatical Journey* (p. 223-226). • Cf. tb. *Wounded Prophet* (Ford, p. 200-207). • Tempos depois, Ball escreveu: "O infarto de Henri realmente foi um presente que o ajudou a fazer a passagem... Ele viveu muitos conflitos e os compartilhou abertamente com seus amigos, bem como o fez mediante inúmeros textos. Mas de uma coisa estou certo: Henri morreu em paz consigo mesmo, com sua família, com sua Comunidade L'Arche, com seus amigos, com sua vocação de sacerdote e com Deus, cujo amor eterno lhe serviu de farol durante 64 anos". (*Sabbatical Journey*, p. 226). Henri assim concluiu o livro *A voz interior do amor*, no qual trabalhou em seu período sabático, e que chegou às livrarias no dia de seu funeral no Canadá: "Ouvi a voz interior do amor, mais forte e mais profunda do que nunca. Quero continuar confiando nesta voz, e ser conduzido por ela para além dos limites de minha breve vida, num espaço onde Deus representa tudo" (p. 118).

lado do Atlântico, a Comunidade Daybreak se reunia para orar por Henri e enviava Nathan, amigo dele, num voo noturno que chegaria à Holanda na manhã de terça-feira.

Henri diz a Nathan: "Não acho que estou perto de morrer, mas, se isso acontecer, por favor diga a todos que sou grato. Sinto enorme gratidão".

Na manhã de quinta-feira, a vida de Henri já não estava mais em risco, e ele fazia planos de voltar para casa. O dano cardíaco que sofrera foi mínimo. Já em Daybreak, nós nos descontraímos e começamos a brincar: "Quando Deus fecha uma porta, Ele abre uma janela".

Na noite de sexta-feira, Henri fez uma prece acompanhado de seus amigos Jan e Nathan; depois, caminhou com eles até a entrada do hospital, e ali se despediram.

Bem cedo na manhã de sábado, 21 de setembro, ainda internado no hospital, Henri teve um infarto fulminante e morreu.

Seus familiares chegaram logo em seguida. Depois de fazer uma prece ao lado de Henri, seu pai anunciou que o corpo deveria ser sepultado na Comunidade L'Arche, uma escolha do próprio Henri. Depois de uma cerimônia fúnebre em Utrecht, toda a família acompanharia o corpo até o Canadá.

Os Flying Rodleighs ficaram sabendo da morte de Henri no fim da apresentação noturna daquele sábado[219]. Esperavam reencontrá-lo após a viagem que ele faria à Rússia. Permaneceram sentados por um longo tempo, recordando-se de seu amigo, e, na manhã seguinte, durante

---

219 Stevens, R. What a friend we had in Henri (p. 1) (Nouwen Archives).

o ensaio, o sentimento de luto do grupo se refletia em seus movimentos. Mas, na apresentação vespertina, logo depois de entrarem no picadeiro rodopiando suas capas prateadas, Rodleigh fez um breve discurso dedicando a apresentação à memória de seu amigo Henri; a *performance* da trupe foi impecável. Durante o agradecimento final à plateia, Rodleigh olhou para o banco onde seu amigo se sentara pela última vez para assistir ao número de trapézio e desejou que a pessoa assentada ali fosse Henri.

Quatro dias depois, durante o funeral na Holanda, Rodleigh e Jennie passaram novamente pela experiência de serem recebidos como velhos amigos por pessoas que jamais tinham visto. Eles já conheciam os familiares de Henri, e Rodleigh se comoveu quando Laurent, irmão de Henri, insistiu que o líder da trupe o substituísse na tarefa de carregar o caixão. "Uma vez mais, carrego nas mãos o peso de Henri, só que desta vez não tenho comigo a outra extremidade do cinto de segurança", pensou Rodleigh. Durante o funeral, o casal permaneceu sentado, chorando. Rodleigh resistia ao desejo de se levantar e contar a todos ali a experiência que tivera com um Henri totalmente diferente: tranquilo, curioso, meio extravagante, atencioso, hilário e divertido.

No fim, Henri teve dois funerais: um em Utrecht, ao qual Rodleigh e Jennie Stevens compareceram, e outro no Canadá, que reuniu mais de mil pessoas.

O corpo de Henri foi transportado de avião por sobre o Atlântico num lindo caixão clássico, de carvalho. Quando chegou ao Canadá, havia outros dois caixões. Anos antes,

Henri pedira aos marceneiros de L'Arche Daybreak que lhe preparassem um caixão para quando morresse. Na longa semana em que esperávamos o corpo de Henri retornar junto de sua família, convidei membros da comunidade a desenhar e pintar aquilo que estavam sentindo. O resultado foi uma enxurrada de trabalhos artísticos, muito vívidos e coloridos, com os quais criei uma tampa de caixão decorada à mão. Pintado como um radiante arco-íris, nosso trabalho de arte colaborativa se parecia com uma porta. Colocamos o corpo de Henri em nosso caixão artesanal, e Laurent e eu delicadamente pusemos em seu pescoço uma gravata, simbolizando o término de sua jornada.

Porém, as viagens de Henri ainda não estavam completas, pois seu corpo passou por dois sepultamentos. Henri havia manifestado o desejo de ser sepultado com outros membros da Comunidade Daybreak, mas, catorze anos depois de haver sido sepultado num pequeno cemitério da Igreja Católica, ficou visivelmente claro que em Daybreak não haveria espaço disponível, próximo a ele, para outros membros da comunidade.

Bill van Buren, por exemplo, amigo de Henri, faleceu em 2009, e foi sepultado no Cemitério Anglicano de São João, ao norte de L'Arche Daybreak. Inaugurado em meados do século XIX, esse cemitério simples e histórico acolheu inúmeros integrantes da comunidade.

Assim, em 2010, o corpo de Henri fez mais uma viagem, a pedido de seu irmão Laurent. Uma retroescavadeira especial foi utilizada para remover seus restos mortais e acomodá-los em outro caixão[220].

---

[220] Os detalhes aqui descritos, sobre os dois caixões, fazem parte de minhas próprias lembranças como integrante de Daybreak. Àquela época, eu trabalhava na marcenaria da comunidade. Pedi a alguns colegas moradores dali que criassem imagens artísticas para Henri, e então pintei tais imagens na tam-

O corpo de Henri foi sepultado ao lado do de Bill[221]. Ao longo dos anos, cerca de uma dezena de outros integrantes de L'Arche Daybreak foi se juntando a eles. Mesmo na morte, seus corpos continuam contando uma história espiritual sobre o mistério do desapego de tudo e de estarmos a tudo conectados.

De repente, percebi em que consiste a vida. Somos convidados a dar inúmeros saltos triplos e cambalhotas, mas a coisa mais importante é confiar no portô, sabendo que seremos apanhados ao fim de nossas manobras extraordinárias. Terei coragem de me entregar e admitir que isso acontecerá mesmo que, às vezes, eu sinta medo? Sinto-me grato por estarmos juntos — façamos uma prece uns pelos outros, pedindo que, nos anos que teremos à frente, estejamos repletos de coragem, repletos de autoconfiança, repletos de confiança[222].

---

pa de seu caixão. Mais desse relato pode ser encontrado em Whitney-Brown, C. Henri at Daybreak. *In*: Twomey, G. S. & Pomerleau, C. (ed.). *Remembering Henri*. • Uma fotografia e uma breve descrição dessa produção podem ser encontradas na postagem de 1º de setembro de 2019 em meu *blog* sobre a Daybreak, no texto intitulado "The Painted Doors of the Dayspring Chapel", disponível em https://larchedaybreak.com/the-painted-doors-of-the-dayspring-chapel%EF%BB%BF-by-carrie-whitney-brown/

221 Os restos mortais de Henri foram transferidos para a igreja anglicana de São João em novembro de 2010. Detalhes sobre esse segundo sepultamento me foram oferecidos por Sue Mosteller (cf. tb. Swan, M. (2010, nov. 25). Famous catholic author Nouwen moved to Anglican cemetery. *Catholic Register* https:www.catholicregister.org/item/9400-famous-catholic-author-nouwen-moved-to-anglican-cemetery

222 Transcrição do discurso de Henri logo após ter sido condecorado com a medalha da Comiss, em maio de 1994.

Conecte-se conosco:

 facebook.com/editoravozes

 @editoravozes

 @editora_vozes

 youtube.com/editoravozes

 +55 24 2233-9033

www.vozes.com.br

Conheça nossas lojas:

www.livrariavozes.com.br

Belo Horizonte – Brasília – Campinas – Cuiabá – Curitiba
Fortaleza – Juiz de Fora – Petrópolis – Recife – São Paulo

    Vozes de Bolso

EDITORA VOZES LTDA.
Rua Frei Luís, 100 – Centro – Cep 25689-900 – Petrópolis, RJ
Tel.: (24) 2233-9000 – E-mail: vendas@vozes.com.br